Helmut Benedikt Leibinger

Decumates Agri

Eine Einführung in die Provinzialrömische Archäologie

Für Herrn Prof. Dr. Hubert Cancik

Helmut Benedikt Leibinger

DECUMATES AGRI

Eine Einführung in die Provinzialrömische Archäologie

Bibliografische Information durch
Die Deutsche Bibliothek:
Die Deutsche Bibliothek verzeichnet diese Publikation in der Deutschen Nationalbibliografie; detaillierte bibliografische Daten sind im Internet über http://dnb.ddb.de abrufbar.

ISBN 978-3-86870-052-7

www.rediroma-verlag.de
13,95 Euro (D)

Inhaltsverzeichnis

Vorwort

Das Erlernen von Fremdsprachen und das Verstehen fremder Lebensformen sind für die Menschen in einer wirtschaftlich und politisch zusammenwachsenden Welt überaus wichtig. Moderne Technologien und ein gewaltiges Medienangebot bringen in einer multikulturellen Gesellschaft viele Herausforderungen mit sich. Ohne Mehrsprachigkeit und interkulturelle Kompetenz ist ein Austausch und Dialog zwischen den Kulturen nicht möglich. Während der moderne Fremdsprachenunterricht primär auf kommunikative Kompetenzen ausgerichtet ist, steht im Zentrum des Latein- und Griechischunterrichts das Übersetzen und Interpretieren grundlegender Texte der lateinischen und griechischen Literatur. Im Arbeitsbereich „Antike Kultur“ hebt der Bildungsplan für das allgemein bildende Gymnasium in Baden-Württemberg hervor, dass die Schüler in der Lage sein sollen, „das römische Leben mit der eigenen Lebenswelt zu vergleichen, um dadurch Offenheit für fremde Kulturen zu entwickeln“ (BGBW, S. 163).
Die vorliegende Einführung in die Provinzialrömische Archäologie möchte einen kleinen Beitrag zu diesem Bildungsanspruch leisten und ist daher gleichermaßen für Schüler, Lehrer und alle Liebhaber der antiken Kultur gedacht.

Die *Decumates Agri* (Decumatland) – ein lateinischer Titel – bezeichnen das Gebiet, das heute als „Unser Ländle“ bekannt ist. Das 1971 vom Landtag verabschiedete Denkmalschutzgesetz und die regional organisierte Denkmalpflege ermöglichten in den letzten Jahrzehnten eine gründliche Erforschung der römischen Epoche in Baden-Württemberg. Die Forschungsergebnisse der langjährigen archäologischen Ausgrabungen, die in den Museen anschaulich dargestellt

werden, geben einen lebendigen und fesselnden Einblick in die Kulturgeschichte unseres Landes.
Im ersten Teil dieser Einführung werden auf übersichtliche und verständliche Art die Arbeitsweise der Provinzialrömischen Archäologie und die Römerforschung in Deutschland vorgestellt. Der zweite Teil behandelt unter Berücksichtigung der neueren Literatur exemplarisch archäologische Zeugnisse im Hinblick auf ein Gesamtbild des römischen Baden-Württemberg. Ein dem Resümee folgender Anhang (mit Abkürzungsverzeichnis, Literaturverzeichnis, Erläuterungen und Zeittafel) bietet dem Leser die Möglichkeit, gezielte Fragen rasch zu beantworten.
Jede Abhandlung konzentriert sich auf Schwerpunkte. Im Mittelpunkt unserer provinzialrömischen Untersuchungen soll die Religion der Römer stehen. Ihr Erbe auf deutschem Boden ist, wie Heiligtümer und Götterweihungen zeigen, kaum zu überschätzen. Selbst die Deutsche Forschungsgemeinschaft (DFG) hat im Jahre 1999 ein entsprechendes Schwerpunktprogramm eingerichtet, mit dem richtungweisenden Titel *Römische Reichsreligion und Provinzialreligion. Globalisierungs- und Regionalisierungsprozesse in der antiken Religionsgeschichte*.

An dieser Stelle seien die Herausgeber mehrerer Bände zu dieser Thematik Herr Prof. Dr. Hubert Cancik, Herr Prof. Dr. Jörg Rüpke, Herr Prof. Dr. Konrad Hitzl und Herr Prof. Dr. Wolfgang Spickermann genannt, denen ich Wesentliches meiner Vorstellung von römischer Religion verdanke.

Mein besonderer Dank gilt Herrn Sebastian Rudolf für die Erstellung der Druckvorlage sowie für die vielen hilfreichen Verbesserungsvorschläge.

Ehingen (Donau), im Frühjahr 2009
Dr. Helmut Benedikt Leibinger M. A.

I. Provinzialrömische Archäologie als Wissenschaft

1. Was ist Provinzialrömische Archäologie?

„Kultur ist in unserer Gesellschaft nicht ein überflüssiges Sahnehäubchen, sondern vielmehr Veredelung unserer Entwicklung, freilich auch Gewürz für die Schmackhaftigkeit des Lebens."

Mit diesem Zitat präsentiert die Stadt Ladenburg ihr Kulturprogramm, das allen Vorlieben und Interessen gerecht wird. Wer ein Kulturliebhaber ist und die frühe Geschichte Ladenburgs erleben will, darf sich weder die im Veranstaltungskalender angepriesene „Führung durch das Lobdengau-Museum" entgehen lassen noch auf einen Rundgang durch die Altstadt verzichten. Alle Besucher, die diesem Rat folgen und bei ihrem Bummel durch die verwinkelten, engen Gassen die historischen Gebäude mit ihren kunstvoll verzierten Fassaden bewundern, werden bald die Spuren römischer Vergangenheit entdecken, die – gepaart mit mittelalterlichem Charme – das Stadtbild entscheidend geprägt haben. Wer sich mit der Kultur und Geschichte einer der bedeutendsten Römerstädte auf deutschem Boden intensiv beschäftigt hat, wird gerne zugeben, dass die Auseinandersetzung mit den sichtbaren Zeugnissen der alten Kulturen unsere eigene Existenz erhellt und auf unsere Geschichtlichkeit verweist.
Die Archäologie („Lehre vom Alten"), ein elementarer Bestandteil der modernen Geschichtswissenschaft, lässt sich in verschiedene Bereiche einteilen (z.B. klassische Archäologie, christliche Archäologie, orientalische Archäologie). Als besondere Forschungsrichtung der klassischen Archäologie hat sich die Provinzialrömische Archäologie herausgebildet,

die an mehreren Universitäten in Deutschland (z.B. Freiburg i. Br. und München) gelehrt wird und aus dem Arbeitsgebiet der archäologischen Bodendenkmalpflege nicht mehr wegzudenken ist. Sie versteht sich als Altertumskunde der römischen Provinzen mit der Zielsetzung, die dortigen Lebensbedingungen der Menschen anhand der materiellen Hinterlassenschaften zu rekonstruieren. Wie jede andere wissenschaftliche Disziplin muss sie im Laufe der Zeit ihre Methoden selbstkritisch durchleuchten und diese wenn nötig dem aktuellen Wissensstand anpassen. Die Provinzialrömische Archäologie kann jedoch nur dann erfolgreiche Forschungsarbeit leisten, wenn das aus den Schichten vergangener Jahrhunderte ans Tageslicht zurückgeholte Quellenmaterial in interdisziplinärer Zusammenarbeit ausgewertet wird.

1.1 Inschriften als historische Quelle

Alle Inschriften stellen ein unmittelbares und lebendiges Zeugnis der Vergangenheit dar und bilden deshalb für den Historiker eine wichtige Quelle. Ob man einen Grabstein, einen Altar oder den Sockel einer Statue genauer betrachtet, überall sind sie präsent. Stets faszinieren sie den Museumsbesucher, lenken sein neugieriges Auge, lassen ihn an Ort und Stelle verharren, lassen die Steine selbst sprechen. Die Römerforschung in Baden-Württemberg bestätigt, dass sich der Inschriftenbestand durch zahlreiche Neufunde ständig erweitert. Es war anscheinend der Wunsch der antiken Menschen, sich selbst oder den Angehörigen das Andenken durch eine auf einem Denkmal angebrachte Inschrift zu sichern. Da der Auftraggeber die Kosten für das Monument möglichst gering halten wollte, ließ er nur wenige Buchstaben einmeißeln. So finden sich auf den Inschriftensteinen immer wieder Abkürzungen bzw. Formeln, die der antike Leser auf Anhieb verstand. Auch wir können dank der Epigraphik, der Wissenschaft vom „Daraufgeschriebenen“, die sich vom griechischen Verb *epi-graphein* („auf etwas schreiben“) herleitet (lat. *insculpere*, „eingravieren“), Inschriften auflösen und übersetzen.

In der epigraphischen Forschung richtet man sich bei der Publikation inschriftlich überlieferter Texte nach den Regeln des „Leidener Klammersystems“[1], einer Übereinkunft von 1931 über den Gebrauch textkritischer Zeichen. Hier eine Aufzählung der wichtigsten[2]:

---

[1] Vgl. Schumacher 15 ff.

[2] Schillinger-Häfele, Lateinische Inschriften, 23.

( )	Auflösung von Abkürzungen
[ ]	Ergänzungen des Herausgebers
[[ ]]	Rasur auf dem Stein
{ }	Tilgung durch den Herausgeber
< >	Zusätze und Verbesserungen des Herausgebers
Ạ	unsichere Lesung
5	Lücke berechenbarer Länge
_ _ _	Lücke unberechenbarer Länge

Die Inschriften werden in vier Hauptgruppen eingeteilt[3]:

1. Grabinschriften
2. Weihinschriften
3. Ehreninschriften
4. Bauinschriften

1. Grabinschriften

Sie beginnen seit dem Ende des 1. Jahrhunderts n. Chr. mit einer Weihung an die Totengötter (*Di/Dii Manes*):

D M *Dis Manibus* (den Totengöttern)
D M S *Dis Manibus sacrum* (den Totengöttern geweiht)

Darauf folgen der Name des Verstorbenen, die Anzahl seiner Lebensjahre, bei Soldaten auch die Zahl der Dienstjahre und der Name des Auftraggebers:
V ANN *vixit annis* oder *annos* (er lebte … Jahre)

Beispiel[4]: Grabstein der Aelia Novella, Victoria und deren Sohn Hermes, errichtet von Flavius Serenus
CIL III Suppl. 14370; HS 78 Nr. 27[5].
FO (= Fundort) Langenau, Kr. Ulm (Alb-Donau-Kreis).

[3] Schillinger-Häfele, Lateinische Inschriften, 23 ff.
[4] Filtzinger, Hic saxa loquuntur, 78 f.
[5] Siehe Abkürzungsverzeichnis und Seite 17.

Der Stein wurde im Herbst 1896 von Gustav Rau „in einer Nische der Westmauer des südlichen Seitenschiffs der oberen [Kirche] oder Martinskirche“ (HS 77 f.) entdeckt und im September 1897 ins Stuttgarter Lapidarium[6] gebracht.

Inschrift: D(is) M(anibus) / AEL(iae) NOVELAE / MATRI VIXIT (a)N(nos) L XX / ET VICT(o)RIAE FOR/TIONI (filiae) CONIVGI / VIXIT (a)N(nos) XL ET / HERMETI FILIO / VIXIT (a)N(nos) XIX FL(avius) / SERENVS PIISS(i)M(us)

Übersetzung: Den Totengöttern. Der Aelia Novella, seiner Mutter, sie lebte 70 Jahre, und der Victoria, Tochter des Fortionius, seiner Gattin, die 40 Jahre lebte, und seinem Sohn Hermes, der 19 Jahre lebte, (hat) Flavius Serenus in treuer Liebe (den Grabstein aufstellen lassen).

2. Weihinschriften

Die Weihinschriften nennen zunächst den Namen der Gottheit im Dativ. Oft ist – charakteristisch für unseren Raum ab der Mitte des 2. Jahrhunderts n. Chr. – eine Loyalitätsbezeugung an das Kaiserhaus vorangestellt:

IN H D D *in honorem domus divinae* (zu Ehren des göttlichen Hauses/des Kaiserhauses)

Darauf folgt der Name des Dedikanten (Weihenden). Ferner können Angaben über den Anlass der Weihung hinzutreten. Auch die Art der Weihgabe kann genannt sein.

[6] Lapidarium (lat. *lapis*, „Stein") ist die Bezeichnung für eine Sammlung von Steinwerken.

Typische Abkürzungen sind:

D	*dat* (er gibt) oder *dedit* (er gab)
V S	*votum solvit* (er hat sein Gelübde eingelöst)
V S L M	*votum solvit libens merito* (er hat sein Gelübde gerne und nach Gebühr eingelöst)
V S L L M	*votum solvit libens laetus merito* (er hat sein Gelübde gerne, freudig und nach Gebühr eingelöst) oder Mehrzahl *votum solverunt libentes laeti merito* (sie haben ihr Gelübde gerne, freudig und nach Gebühr eingelöst)
P	*posuit* (er hat errichtet) oder Mehrzahl *posuerunt* (sie haben errichtet)

Beispiel[7]: Altar für Vulcan, Feuer- und Herdgott, Beschützer vor Feuersgefahr

CIL XIII 6454; HS 459 Nr. 323.

FO Benningen, Kr. Ludwigsburg.

Dieser Altar wurde 1579 von Simon Studion in der Wand eines baufälligen Weinkellers nahe der Benninger Kirche entdeckt und später Herzog Ludwig (1568-1593) nach Stuttgart geschickt. Der Inschriftenstein gehört zu den ersten Steindenkmälern des römischen Lapidariums.

Inschrift: IN H(onorem) D(omus) D(ivinae) / VOLKANO / SACRVM / VICANI / MVRREN / SES V(otum) S(olverunt) L(ibentes) M(erito)

Übersetzung: Zu Ehren des göttlichen Kaiserhauses dem Vulcan geweiht. Die Bewohner des Dorfes an der Murr haben ihr Gelübde gerne und nach Gebühr eingelöst.

[7] Filtzinger, Hic saxa loquuntur, 24.

3. Ehreninschriften

Sie nennen den Geehrten im Dativ (mit Angabe sämtlicher Titel und Ehrennamen), den Auftraggeber bzw. den Ehrenden im Nominativ und geben den Grund für die Ehrung an. Typische Abkürzungen (vgl. Bauinschriften) sind:

D D	*decreto decurionum* (auf Beschluss des Gemeinderates/Stadtrates/Bezirksrates)
P P	*pecunia publica* (mit öffentlichen Geldern/Mitteln)
L D D D	*locus datus decreto decurionum* (der Platz wurde auf Beschluss des Gemeinderates/Stadtrates/Bezirksrates zur Verfügung gestellt)

Beispiel[8]: Ehreninschrift für den Münzmeister Lucius Tiberius Claudius Aurelius Quintianus

CIL X 3850; ILS 1181 (bei Capua).

Die Familie des Claudius Quintianus stammte aus Antiochia (Syrien). Er war Münzmeister und durchlief die Ämterlaufbahn (zu den einzelnen Ämtern siehe die Erläuterungen im Anhang).

Inschrift: L(ucio) TI(berio) CLAVD(io) / AVREL(io) QVIR(ina tribu) / QVINTIANO / TRIVMVIRO MO/NETALI A(ere) A(rgento) A(uro) F(lando) F(eriundo), / QVAESTORI CAN/DID(ato), PRAET(ori), CO(n)S(uli), / PONTIF(ici), / TI(berius) CL(audius) FELIX IIVIR / AMICO INCOMPAR(abili). / L(ocus) D(atus) D(ecreto) D(ecurionum).

Übersetzung: Für Lucius Tiberius Claudius Aurelius Quintianus aus der Tribus Quirina, Münzmeister zur Herstellung von Schrötlingen und deren Prägung in Bronze, Silber und Gold, Quästor als Kandidat (des Kaisers), Prätor, Konsul, Pontifex, (von) Tiberius Claudius Felix, (dem) Bürgermeister, für seinen unvergleichlichen Freund. Der Platz wurde auf Beschluss des Gemeinderates zur Verfügung gestellt.

---

[8] Schumacher, Römische Inschriften, 211 f.

4. Bauinschriften

Die Grundbestandteile sind der Name des Erbauers und ein Prädikat, das den Akt des Bauens zum Ausdruck bringt (z.B. *fecit*, „er hat errichtet"). Manchmal liegt es nur an der Akzentuierung, ob ein Zeugnis als Weih- oder Bauinschrift klassifiziert wird.

Typische Abkürzungen (vgl. Ehreninschriften und Weihinschriften) sind:

DE S P	*de sua pecunia* (mit seinem/ihrem Geld)
D S	*de suo* (von dem Seinigen/Ihrigen; auf seine/ihre Kosten)

Beispiel[9]: Bauinschrift für die Umfassungsmauer eines Jupiterheiligtums in Köngen/*Grinario*

CIL XIII 11727; HS 304 Nr. 497.

FO Köngen/*Grinario*, Kr. Esslingen.

Gefunden Ende Januar 1900 auf dem Acker des Kaufmanns Deuschle. Die Inschrift nennt den Namen des römischen Köngen: *vicus Grinario.*

Inschrift: I(n) H(onorem) D(omus) D(ivinae) I(ovi) O(ptimo) M(aximo) / PLATIAE D[EX(trae) ?] / C(ives ?) [SV]MELOCENE(n)S(es) / VICI GRINAR(ionis) / MACERIAM D(e) S(uo) P(osuerunt)

Übersetzung: Zu Ehren des göttlichen Kaiserhauses haben Jupiter, dem Besten und Größten, der Straße rechts die Sumelocennischen (Rottenburger) Bürger des Dorfes Köngen eine Umfassungsmauer von dem Ihrigen errichtet.

Nach Darstellung der Strukturmerkmale der Inschriftentypen bleiben noch zwei wichtige Fragen offen:

1. Wo werden die Inschriften, deren Bestand kontinuierlich anwächst, gesammelt?
2. Lassen sich Inschriften datieren?

[9] Filtzinger, Hic saxa loquuntur, 75.

Die drei Buchstaben CIL bei jedem der angeführten Beispiele sind die Abkürzung für *Corpus Inscriptionum Latinarum* und bezeichnen die immer noch maßgebliche Sammlung der lateinischen Inschriften (ILS und HS sind Abkürzungen für weitere Inschriftensammlungen; siehe Abkürzungsverzeichnis), die wir dem großen Historiker Theodor Mommsen (1817-1903) verdanken. Ergänzungsbände (Suppl.; lat. *supplementum*, „Ergänzung") dienen der Aufnahme zahlloser Neufunde. Die Einteilung der Bände dieses voluminösen Werkes richtet sich nach der regionalen Gliederung des Römischen Reiches. Die Inschriften zum römischen Deutschland sind in den Bänden 3 und 13 wiederzufinden. Die folgende Übersicht[10] in deutscher Übersetzung nennt die Themen des 13. Bandes, aus dem auch die bereits zitierte Bauinschrift von Köngen stammt:

Abb. 1: Theodor Mommsen (1817 - 1903)

[10] Schillinger-Häfele, Lateinische Inschriften, 13.

1. Namen von Männern und Frauen
2. Kaiser und Kaiserhaus
3. Konsuln als Jahresdatierung
4. Römische Staatsämter außer dem Konsulat
5. Heerwesen
6. Götter, Göttinnen und Sakralwesen
7. Geographische Namen (einschließlich Provinz- und Gemeindenamen)
8. Gemeindewesen
9. Berufsverbände
10. Private Berufe und Beschäftigungen

Der dritte Index (Konsuln als Jahresdatierung) beantwortet die zweite Frage. Charakteristisch für die römische Zeitrechnung war, dass man Ereignisse nach den Konsuln[11], die dem Jahr ihren Namen gaben („eponyme" Konsuln), datierte. Die *Fasti consulares*, eingedeutscht Konsularfasten, enthielten die Namen sämtlicher Konsuln seit dem Beginn der Republik. Bekannt sind vor allem die Kapitolinischen Konsularfasten (*Fasti consulares Capitolini*), die die Konsuln bis 13 n. Chr. verzeichnen. Da sich die Aufzeichnung von *Fasti consulares* infolge des Fortbestandes des Konsulnamts bzw. -titels in der Kaiserzeit fortsetzt, lässt sich eine kaiserzeitliche Inschrift mit den Namen der Konsuln (im Ablativ und dem Zusatz *cos = consulibus*) eindeutig datieren (z.B. *Muciano et Fabiano cos* = 201 n. Chr.). Eine weitere Möglichkeit zur Datierung von Inschriften bietet die Kaisertitulatur[12], die zum eigentlichen Namen des Kaisers hinzutritt. Dabei unterscheidet man zwischen seinen Ämtern bzw. Würden und seinen Siegerbeinamen. Immer wieder lassen sich folgende Namenszusätze (abgekürzt) finden:

---

[11] Vgl. Leibinger 51 ff.
[12] Vgl. Schillinger-Häfele, Consules, 22 ff.; Schumacher 20 ff.

IMP	= *Imperator* (Kaiser)
P M oder PONT MAX	= *Pontifex Maximus* (Oberpriester)
TRIB POT	= *tribunicia potestate* (Inhaber der tribunizischen Gewalt)
CENS	= *Censor*
PROCOS	= *Proconsul*
C oder CAES	= *Caesar*
D N	= *Dominus noster* (unser Herr)
P P	= *Pater Patriae* (Vater des Vaterlandes)
INVICTVS	= der Unbesiegbare
GERMANICVS	= Sieger über Germanien

Beispiel[13]: Meilenstein aus Köngen
CIL XIII 9084; HS 308 Nr. 499.
FO Köngen/*Grinario*, Kr. Esslingen.
Gefunden Ende Januar 1900 auf dem Acker des Kaufmanns Deuschle.

Inschrift: IMP(erator) CAESAR / DIVI TRAIAN[i] / PARTH(ici) F(ilius) DIVI / NERVAE NEP(os) / [T]RAIAN(us) HADRI(anus) / AVG(ustus) PONT(ifex) MA[X(imus)] / TRIB(unicia) POT(estate) XIII C[O(n)S(ul)] / III P(ater) P(atriae) A SVMEL(ocenna) / [M(ilia)] P(assuum) XXVIIII.

Übersetzung: Imperator Caesar Traianus Hadrianus Augustus, Sohn des vergöttlichten Traianus, des Siegers über die Parther, Enkel des vergöttlichten Nerva, Oberpriester, zum dreizehnten Mal Inhaber der tribunizischen Gewalt, dreimal Konsul, Vater des Vaterlandes. Von Sumelocenna (an der Stelle des heutigen Rottenburg) 29 Meilen.
Die *tribunicia potestas XIII* Hadrians fällt in das Jahr 129 n. Chr.

[13] Schillinger-Häfele, Consules, 122.

Fazit: Die Epigraphik ist eine Wissenschaft für sich! Und wie verhält es sich mit der gesamten Arbeitsweise der heutigen Archäologie?

1.2 Interdisziplinäre Zusammenarbeit

Begleiten wir zunächst einen Archäologen bei seiner Arbeit. Zwei Zeitungsartikel (SWP vom 07.06.2001) über die Ausgrabungsarbeiten in der Umgebung von Rottenburg am Neckar geben ein eindrucksvolles Bild:

Römisches Gäu

Trumms Traum von einer Gesamtschau

EUTINGEN (hp). Dr. Jürgen Trumm, Ausgrabungsleiter der „villa rustica" neben dem Bahngleis östlich des Eutinger Bahnhofs im Auftrag des Landesdenkmalamtes Karlsruhe, stammt aus Lauchingen im Kreis Waldshut.

Der jetzt 32-jährige studierte in Freiburg und Lausanne „Archäologie und Alte Geschichte". Seine Doktorarbeit verfasste er zum Thema: „Die römische Besiedlung am östlichen Hochrhein", das Werk geht demnächst in Druck. Dabei arbeitete der Doktorand grenzüberschreitend sehr eng mit schweizerischen Kollegen zusammen, was durchaus Sinn macht, verliefen doch zur Römerzeit die Grenzen ganz anders, als sie heutzutage gezogen sind. Bereits während des Studiums – das er mit dieser Tätigkeit finanzierte – leitete Jürgen Trumm Ausgrabungen für das Landesdenkmalamt Freiburg, unter anderem in einer großen Anlage in Riegel. Ein besonderes Erlebnis war für ihn in dieser Zeit die Ausgrabung eines Tempels in seinem Geburtsort Lauchingen.

In Eutingen arbeitet er als wissenschaftlicher Grabungsleiter für das Landesdenkmalamt Karlsruhe, allerdings nur mit einer auf zwei Jahre befristeten Anstellung. Das ist offensichtlich begründet in der finanziellen Ausstattung beim Denkmalamt, andererseits nicht gerade befriedigend für einen engagierten Archäologen. „Idealismus muss man in diesem Beruf mitbringen, und wenn man einen gut bezahlten Job will, darf man ihn nicht bei der Archäologie suchen", präzisiert Jürgen Trumm die Situation.

Dabei trägt er eine Vision mit sich herum, die er zu gerne verwirklicht sähe: Das „römische Gäu" in einer Gesamtschau darzustellen, mit Rottenburg mit seiner vielfältig dokumentierten römischen Vergangenheit als Zentrum und den geschichtlichen Funden und Erkenntnissen von Bondorf, Remmingsheim, Hailfingen, Nagold und nun eben auch von Eutingen. Fundberichte und Quellen wären genügend vorhanden: Diese zu einem Gesamtbild zu verknüpfen, wäre eine weitere Doktorarbeit und nach Trumms Meinung dringend notwendig.

Interesse an seiner Arbeit kann Trumm durchaus konstatieren: Rund 40 Besucher kommen wöchentlich zur Ausgrabungsstätte, etwa zehn Prozent davon sind Skeptiker, welche dem Aufwand für den „alten Kruscht" argwöhnisch gegenüberstehen. So manche Kritiker konnten durch das Ergebnis davon überzeugt werden, dass es sich dabei um „ihre gemeinsame Geschichte" handelt.

Scherbenputzen mit der Zahnbürste

In der „villa rustica" legen die Archäologen die römische Geschichte des Gäus frei

EUTINGEN (hp). Nicht sensationelle Funde sind es, die Dr. Jürgen Trumm bei den Ausgrabungen der „villa rustica" beim Neuen Bahnhof beschäftigen, wichtig sind die täglich neuen Erkenntnisse, die sich aus der mühevollen Kleinarbeit der Grabungen nach Spuren unserer römischen Vergangenheit ergeben. Verschiedene Scherben, Münzfunde und eine jüngst entdeckte, „Fibel" genannte Gürtelschnalle bringen dem Archäologen immer neue Blicke in die „römische Zeit" im Gäu.

Waren es im ersten Abschnitt meist nur einzelne Mauerreste, welche ausgegraben wurden, ist das derzeitige Grabungsfeld recht ergiebig. Deutlich wird erkennbar, wie die Mauern aufeinander zulaufen, Rückschlüsse auf die Stellung der Gebäude zueinander sind möglich – sichtbar auch an den Mauerfundamenten, wo sich einst die Eingänge befanden. Die verhältnismäßig schmale Türenbreite weist darauf hin, dass es sich um ein Wohnhaus gehandelt haben muss. Darauf weisen auch Fragmente eines Mörtelestrichs hin. Freigelegt ist der aus Abschlagmaterial bestehende Unterbau des Bodenbelages bis hin zum gut erhaltenen Teil des Estrichs. Dort fanden die Grabungshelfer gleich drei Münzen.

Erst dieser Tage freigelegt wurde eine rechteckige Fundamentplatte aus Sandstein. Deren sorgfältige Bearbeitung lässt eine Verwendung zumindest als Unterlage für eine Dachstütze vermuten, wenn es sich nicht gar um die Basis eines Altares, einer Säule oder Statue handelt.

Zwar ist beim derzeitigen Ausgrabungsstand die nördliche Begrenzung der Römersiedlung erreicht, was gerade freiliegt, gibt aber noch jede Menge Arbeit. Zwischen den Mauerfundamenten sind die Felder ausgefüllt mit Steinen. Auf den ersten Blick sieht es aus wie eine gestellte Vorlage, eng liegt Stein an Stein. In Wirklichkeit ist es das Material von eingestürzten Mauern, welche den Boden bedecken. Zuerst wird der derzeitige „Zustand" penibel gesäubert, das Feld präzise vermessen, fotografiert und zeichnerisch dokumentiert. Danach wird die Steinschicht abgehoben, darunter könnten sich durchaus hochwertige archäologische Funde verbergen, vermutet Trumm.

Dieser ist recht angetan von seinen Arbeitsmöglichkeiten, vor allem von der großen Unterstützung, die er durch die Gemeinde und manche Bürger erfährt. Vor allem die Gemeinde bietet große logistische Unterstützung. Zuerst habe Bürgermeister Armin Jöchle durchgesetzt, dass ABM-Kräfte für das archäologische Projekt zum Einsatz kamen, auch auf der Verwaltung selbst ist die Hilfsbereitschaft „Spitze", betont der Ausgrabungsleiter. Auch Fronmeister Konrad Ade zeige sich sehr kooperativ, ob es sich nun darum handelt, mit dem Feuerwehrauto den Wassertank aufzufüllen, oder um die Werkstattbenutzung des Bauhofes zum Schärfen der Arbeitsgeräte. Das ist nicht selbstverständlich, nicht überall ist die Akzeptanz der Archäologen bei den Kommunen so gut, es gab auch schon Stätten, wo „man jeden Eimer Wasser bezahlen musste." Wertvolle Tipps erhalten die Ausgräber von den Landwirten, welche die betroffenen Felder jahrzehntelang bewirtschafteten und ziemlich genau wissen, wo der Pflug über die unterirdische Hinterlassenschaft der Römer schrammte.

„Karl Heinz Schöttle ist unser geologischer Berater", erzählt Trumm, zollt Rainer Seele hohes Lob für den feinfühligen Umgang mit der Baggerschaufel und freut sich auch über die Freiwilligen, die sich bei

den Ausgrabungen einsetzen, allen voran Helmut Breiter aus Nagold, der praktisch jeden Tag umsonst hier arbeitet und – ganz wichtig – einschlägige Erfahrungen mitbringt. Im Gegensatz dazu sind die zehn ABM-Kräfte völlig unbeleckt zu den Ausgrabungen gekommen, „jeden Einzelnen musste ich anlernen und einarbeiten und auch laufend unterweisen", berichtet der Chef.
Inzwischen sei es ein gutes Team geworden, in welchem praktisch jeder alles können muss: von der Grobarbeit mit dem Pickel übers Auskratzen bis zum Scherbenwaschen mit der Zahnbürste. Auch die zeichnerische Erfassung der Steinlagen und Funde gehört zum Aufgabenkreis, da haben sich inzwischen richtige Talente herauskristallisiert, denen der diffizile Umgang mit dem so genannten Storchenschnabel schon zum Alltag wurde.
Förderlich für den Teamgeist sei es, wenn als Erfolgserlebnis beispielsweise eine Münze oder eine Gewandschließe gefunden wird, dann gehen die Entdeckungen von Hand zu Hand, spornen an zu besonders behutsamer Vorgehensweise. Im Sommer bekommt Trumm noch Unterstützung durch zwei Archäologiestudentinnen, welche ihn bei seinen vielfältigen Aufgaben entlasten.
Im Winter gehen die Arbeiten weiter, zwar nicht draußen auf dem Grabungsfeld, doch im stillen Kämmerlein gilt es für Trumm, die Funde wissenschaftlich zu verarbeiten. Er wird dann die Erkenntnisse aus der hiesigen Grabung mit den Daten und Fakten aus anderen Anlagen vergleichen. Wichtig ist es auch, die Verbindung herzustellen mit anderen Funden, die schon früher hier gemacht wurden und im Württembergischen Landesmuseum im Stuttgarter Alten Schloss sowie im Limes-Museum in Aalen aufbewahrt werden.

Diese Texte bedürfen kaum der Erläuterung. Wer Archäologe werden will, benötigt nicht nur ein akademisches Studium, sondern muss auch eine große Portion Idealismus sowie Teamgeist für eine interdisziplinäre Zusammenarbeit mitbringen. Dass Archäologie und Geschichte als Nachbardisziplinen aufeinander angewiesen sind[14], haben die bishe-

[14] Vgl. Bechert 14 ff.

rigen Ausführungen deutlich gemacht. Römische Geschichte und Provinzialrömische Archäologie gehen Hand in Hand, setzen aber verschiedene Akzente. Während die Römische Geschichte den römischen Herrschaftsbereich, das Imperium Romanum, von Rom als dem damaligen Machtzentrum aus betrachtet, sind in der Provinzialrömischen Archäologie vor allem die Grenzregionen das Untersuchungsfeld.
Neben den traditionellen Disziplinen (z.B. der Epigraphik und Numismatik) spielen heute für die archäologische Arbeit auch die Naturwissenschaften eine große Rolle. Hinter folgenden Begriffen verbergen sich gängige archäologische Praktiken[15]:

- Begehung
  Zur Untersuchung bzw. Neuentdeckung archäologischer Fundstellen ist das Begehen von Äckern und Feldern nach wie vor die am häufigsten angewandte Methode.
- Luftbildarchäologie
  Etwa seit dem Ersten Weltkrieg angewandtes Verfahren, bei dem man mittels der Luftbildfotografie archäologische Strukturen erkennen kann. Sie gehört zu den Prospektionsmethoden, die der Untersuchung eines Gebietes vor Beginn der eigentlichen Ausgrabung dienen.
- Geophysik (Abb. 3)
  Durch den Einsatz geophysikalischer Prospektionen (dazu gehören Bodenwiderstandsmessungen, Magnetometerprospektion und Bodenradar) lassen sich Baustrukturen ohne Ausgrabung erschließen.
- Archäobotanik und Archäozoologie
  Untersuchung von pflanzlichen Großresten bzw. Tierknochen zur Rekonstruktion antiker Umwelt- und Lebensbedingungen.

[15] Vgl. Meyr 12-15; Bechert 16-19; Fischer, Th., Die römischen Provinzen, 32-42.

- Dendrochronologie
  Mit Hilfe dieser Methode, die Jahresringe antiker Bauhölzer auszählt, können römische Zeugnisse hinsichtlich ihres Alters bestimmt werden.

Ebenso bietet die Religionswissenschaft, in der sich gegenwärtig neue Denkansätze abzeichnen, vielversprechende Perspektiven und neuartige Zugangsweisen zur Erforschung der religiösen Verhältnisse in den Randprovinzen des Imperiums.

Abb. 2: Archäologische Ausgrabung (Zinnfigurendiorama)

Abb. 3: Ein Geophysiker bei der Arbeit

1.3 Römische Reichsreligion und Provinzialreligion

Wer sich für Archäologie begeistert, wird gerne eine Zeitreise durch die Geschichte machen. Nirgendwo wird die große Vergangenheit „Unseres Ländles“ so greifbar wie im Museum: Stück für Stück kann der Besucher die zahlreichen Exponate, von denen die Götterstatuen und Altäre nicht wegzudenken sind, bewundern und dabei das römische Leben mit der eigenen Lebenswelt vergleichen. Dass im Leben der Römer die Religion eine besondere Stellung einnahm, bezeugt der Schriftsteller und bedeutendste Redner Roms, Marcus Tullius Cicero (106-43 v. Chr.), in seiner religionsphilosophischen Schrift *De natura deorum* („Vom Wesen der Götter“):

„[...] Und wenn wir unsere Verhältnisse mit denen auswärtiger Völker vergleichen wollen, so wird man finden, dass wir auf anderen Gebieten ihnen nur ebenbürtig oder sogar unterlegen sind, was aber die Religion, d.h. die Verehrung der Götter, anbelangt, eine bei Weitem höhere Stufe einnehmen als sie.“[16]

Cicero leitet das Wort *religio* von *relegere* ab[17] und meint damit die „sorgfältige Verehrung der Götter“. Viele römische Götternamen dürften bekannt sein, da sie uns immer wieder im Alltag begegnen. Man denke nur an die Monatsnamen (Januar von *Ianus*; März von *Mars*; Juni von *Iuno*) oder an die Planeten unseres Sonnensystems (Merkur, Venus, Mars, Jupiter, Neptun). Aber auch Gaststätten sind nach berühmten Göttern wie Poseidon oder Dionysos benannt, deren Statuen drinnen oder im Garten die Antike wieder lebendig werden lassen und stets für eine gemütliche Atmosphäre sorgen.

---

[16] Cic. nat. 2,8.
[17] Cic. nat. 2,72.

Ein geschultes Auge hat bereits erkannt, dass Poseidon und Dionysos im Unterschied zu den anderen Göttern dem griechischen Kulturkreis zuzuordnen sind. Diese Tatsache ist bei Weitem nicht so belanglos, wie sie auf den ersten Blick erscheint. Ist der Poseidon der griechischen Mythologie etwa nicht identisch mit dem römischen Neptun und was haben griechische Götter überhaupt mit der Religion der Stadt Rom zu tun? Mit diesen Fragen stehen wir schon mitten in der Religionsgeschichte, die wie die Archäologie oder jede andere Wissenschaft alte Ansätze weiterentwickelt.
Ein Standardwerk zur römischen Religion ist das Handbuch *Religion und Kultus der Römer* (München 1912^2) von Georg Wissowa. Lassen wir ihn die beiden Fragen beantworten (RuK 70):

„Die Übertragung griechischer Mythen auf die römischen Götter, die durch Vermittlung der Bühne auch den breiteren Massen des Volkes geläufig wurde, mußte umso zersetzender auf den Glauben einwirken, je mehr solche Erzählungen von Leben und Taten der Götter mit dem unpersönlichen und abstrakten Charakter der altrömischen Religion im Widerspruche standen.“

Nach seiner Überzeugung dominieren in der Frühzeit Roms bäuerliche Religionsvorstellungen. Diese altrömische Religion wird durch die Rezeption von griechischen Göttern überfremdet und durch das Eindringen orientalischer Kulte wie beispielsweise des Isis- und Osiriskultes schließlich zu Fall gebracht. Das von Wissowa entworfene Dekadenzmodell[18] hatte großen Einfluss auf die römische Religionsgeschichte: „Mythenloses Rom“ war lange Zeit das vorherrschende Schlagwort. Archäologische Zeugnisse (z.B. Vasenbilder) machen jedoch deutlich, dass auch die Römer Mythen kannten[19], dass nichtrömische Einflüsse auf Rom

[18] Vgl. Leibinger 5 f.
[19] Dies belegen auch literarische Zeugnisse. Vgl. Leibinger 6 ff.

älter sind als Rom selbst. Es hat deshalb keinen Sinn, eine römische Religion in „Reinform" zu entwerfen, indem man rein römische Elemente herausarbeitet und sie von irgendwelchen Fremdeinflüssen absetzt[20].
Ist römische Religion vielleicht mehr als „nur" die Religion der Stadt Rom? Wie lässt sie sich definieren, wenn sie aus ihrem städtischen Zusammenhang gelöst und in andere kulturelle Räume übertragen wird? Lassen wir Wissowa noch einmal sprechen (RuK 87):

„Es gibt eben keine Reichsreligion, sondern die durchsichtige Hülle römischer Namen deckt eine unerschöpfliche Mannigfaltigkeit verschiedenartiger Religionsvorstellungen, die mit dem Ganzen nur locker durch die Verehrung des Juppiter O. M. und den Kaiserkult in seinen verschiedenen Formen und Nuancen verbunden werden, während die eigentliche Staatsreligion immer an den stadtrömischen Boden gefesselt blieb und schon darum sich nicht zur Reichsreligion herauswachsen konnte."

Auch hieraus wird ersichtlich, wie konsequent „römisch" Wissowa in seinem Handbuch denkt: Römische Religion ist Stadt- und Staatsreligion, während eine „Reichsreligion" nicht existiert. Wird diese extreme Position heute noch in der Religionsgeschichte vertreten?
Im September 1996 und Oktober 1998 wurden zwei Tagungen unter der Leitung von Hubert Cancik, Jörg Rüpke und Wolfgang Spickermann in der Werner-Reimers-Stiftung (Bad Homburg v.d.H.) durchgeführt. Thema der ersten Tagung war *Römische Reichsreligion und Provinzialreligion*. Auf der zweiten Tagung über *Religion in den germanischen Provinzen Roms* ging es darum, die erarbeiteten Ergebnisse der ersten Tagung auf die germanischen Provinzen zu übertra-

[20] Vgl. Rüpke, Die Religion der Römer, 62.

gen. Zwei Sammelbände dokumentieren zusammenfassend die Inhalte beider Tagungen[21].

Vorrangiges Ziel der ersten Tagung war die Klärung der für die Thematik relevanten Begriffe und Methoden. Bereits der erste Beitrag von Jörg Rüpke *Römische Religion und >Reichsreligion<: Begriffsgeschichtliche und methodische Bemerkungen* (S. 3-23) macht sichtbar, wie skeptisch „moderne“ Religionswissenschaftler dem Ansatz Wissowas gegenüberstehen, aber auch, wie problematisch der Begriff „Reichsreligion“ ist: „Reichsreligion“ ohne ein organisiertes „Reich“ – gibt es das?

Der zweite Sammelband – Ergebnis einer Zusammenarbeit von Religionswissenschaftlern, Sprachwissenschaftlern, Archäologen und Althistorikern – untersucht systematisch die religiösen Verhältnisse in zwei Randprovinzen. Das Vorwort versteht „Provinzialreligion“ als Gesamtheit aller Kulte eines geographischen Raumes außerhalb der Reichshauptstadt Rom, aber innerhalb des politisch-kulturellen Großraums des Imperium Romanum.

Dass die Provinzen *Germania Superior* (Obergermanien) und *Germania Inferior* (Niedergermanien) genügend Boden zur Erfassung verschiedener Kulte bieten, zeigt nicht zuletzt die jahrhundertelange Römerforschung in Deutschland.

[21] Cancik, H./Rüpke, J. (Hrsg.), Römische Reichsreligion und Provinzialreligion. Tübingen 1997; Spickermann, W. (Hrsg.) in Verb. mit Cancik, H. u. Rüpke, J., Religion in den germanischen Provinzen Roms. Tübingen 2001.

2. Römerforschung in Deutschland

2.1 Von Tacitus bis zum Denkmalschutzgesetz

Mit jeder Epoche beginnt eine neue bedeutsame Entwicklung: Herrscher und Eroberer wechseln sich ab, Völker und Gemeinschaftsformen kommen und gehen, Traditionen und Kulturen wandeln sich. Unsere Kultur ist der ganzen Antike, insbesondere den Juden, Griechen und Römern, verpflichtet. Die Römer ihrerseits zeigten Interesse an fremden Kulturen. So hat C. Iulius Caesar (100-44 v. Chr.) in sein Werk „Der Gallische Krieg" (*bellum Gallicum*) einen Vergleich der Gallier und Germanen eingefügt (Gall. 6,11-28). Eine zweite literarische Quelle, die ein umfassenderes Bild der germanischen Kultur gibt, ist die *Germania* des Tacitus (etwa 56-118 n. Chr.), eine ethnografische Spezialschrift, die den vollständigen Titel *De origine et situ Germanorum* („Über Ursprung und Lage der Germanen") trägt. Als Hauptzeuge für die germanische Vergangenheit Deutschlands prägte sie seit ihrer Entdeckung (1526 erste dt. Übersetzung) entscheidend das deutsche Nationalbewusstsein[22]. Die Neubelebung der Antike im Zeitalter des Humanismus hatte zur Folge, dass in Deutschland seit Beginn des 16. Jahrhunderts zahlreiche römische Inschriftensammlungen herausgegeben und römische Denkmäler gesammelt wurden. In diesen Zusammenhang gehört auch die Publikation einer römischen Straßenkarte (Abb. 4) durch den Augsburger Humanisten Konrad

[22] Die Religionskapitel der *Germania*, in denen Tacitus ein einheitliches und eindrückliches Bild der germanischen Religion geben will, haben auf die Religions- und Geistesgeschichte der deutschen Länder keine unwesentliche Wirkung ausgeübt. Der Humanist Conrad Celtis (1459-1508) hat die *Germania* des Tacitus wissenschaftlich bearbeitet. Vgl. Cancik 49-69; Timpe 434-485.

Peutinger (1465-1547)[23]. Leider gerieten durch langjährige Kriege, insbesondere durch den Dreißigjährigen Krieg (1618-1648), die so verheißungsvollen Anfänge der römischen Altertumsforschung in Vergessenheit. Das Interesse an den materiellen Hinterlassenschaften der Römer erwachte erst wieder, als hier und dort Studien von Gelehrten Anstöße zur Erforschung des Limes gaben[24].

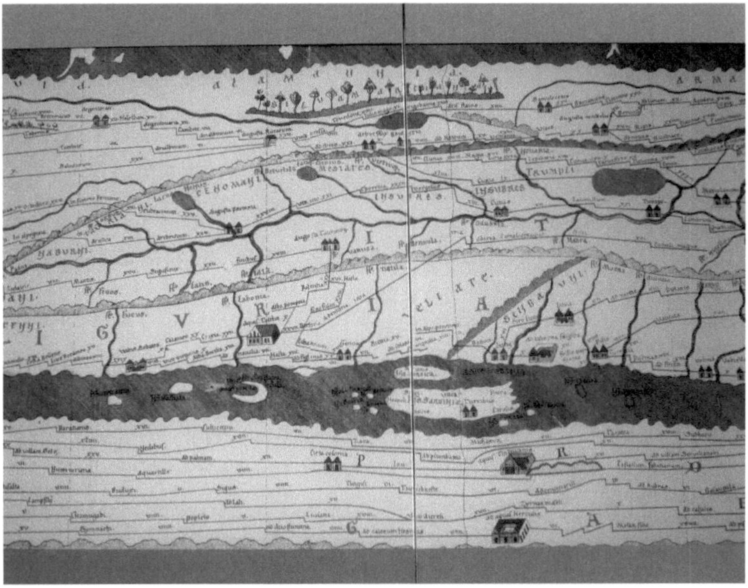

Abb. 4: Ausschnitt aus der Peutingertafel

[23] Die sogenannte *Tabula Peutingeriana* ist eine in der Nationalbibliothek in Wien aufbewahrte Pergament-Rolle in 11 Einzelblättern. Die angegebenen Maßeinheiten für die Entfernungen der Städte voneinander sind gebietsspezifisch: So werden beispielsweise die Entfernungen in Gallia in der gallorömischen Maßeinheit Leugen angegeben (1 Leuga = 1,5 röm. Meilen = ca. 2 200 m), während im restlichen Reichsgebiet die römische Meile als Maßeinheit dominiert (1 röm. Meile = 1,482 km). Zur Datierung der Tafel vgl. Weber 113 ff.

[24] So z.B. Johann-Just Winkelmann (1620-1699), auf den die erste ausführliche Beschreibung des Limes („Polgraben") in Hessen zurückgeht. Christian Friedrich Sattler (1705-1785) beschäftigte sich mit dem Limes in Württemberg. Den Grundstein für die Erforschung des Limes („Landwer") dürfte bereits der Historiograf Johannes Turmair (1477-1534), genannt Aventinus, gelegt haben.

Die Beschäftigung mit dem Grenzwall sowie das Bestreben, archäologische Funde zu sammeln und die Altertümer und Denkmäler zu erhalten, führten am Anfang des 19. Jahrhunderts deutschlandweit zur Gründung zahlreicher Geschichts- und Altertumsvereine[25]:

1801	Archäologische Gesellschaft für nützliche Forschungen (Trier)
1824/25	Verein für Geschichte und Altertumskunde Westfalens (Paderborn/Münster)
1830	Historischer Verein für Oberpfalz und Regensburg (Regensburg)
1831	Rottweiler Geschichts- und Altertumsverein (Rottweil)
1833	Historischer Verein für das Großherzogtum Hessen (Darmstadt)
1834	Historischer Verein für Schwaben (Augsburg)
1834	Historischer Verein für Niederbayern (Landshut)
1841	Verein von Altertumsfreunden im Rheinland (Bonn)
1843	Altertumsverein für das Großherzogtum Baden (Karlsruhe)
1843	Altertumsverein für das Königreich Württemberg (Stuttgart)
1852	Gesamtverein der Deutschen Geschichts- und Altertumsvereine (Mainz)
1857	Verein für Geschichte und Altertumskunde (Frankfurt a. M.)
1869	Historischer Verein der Pfalz (Speyer)
1879	Altertumsverein Worms (Worms)
1886	Historischer Verein für Eichstätt (Eichstätt)

[25] Die nachfolgende Aufzählung der Vereine erhebt keinen Anspruch auf Vollständigkeit. Vgl. dazu Bechert 52-54.

1896 Friedberger Geschichtsverein (Friedberg/Hessen)
1900 West- und Süddeutscher Verband für Altertumsforschung (Mainz)

Die deutschen Altertumsvereine, die zu den Mitbegründern wichtiger Museen wie des Röm.-German. Zentralmuseums in Mainz und des German. Nationalmuseums in Nürnberg zählen, haben sich bei den Ausgrabungen am Limes hohe wissenschaftliche Verdienste erworben. Der entscheidende Schritt zu einer „einheitlichen Limesforschung"[26] (Th. Mommsen) erfolgte jedoch erst mit der Bildung Staatsgrenzen übergreifender Kommissionen:

1. Die Kommission zur Erforschung des *Limes Imperii Romani* (gegründet 1852). Sie war in erster Linie am obergermanischen Limes tätig, bestand aber nur wenige Jahre.
2. Die berühmte Reichslimeskommission (RLK). Sie wurde 1892 in Heidelberg auf Anregung von Theodor Mommsen gegründet. Prominente Persönlichkeiten mit Rang und Namen – Althistoriker, Archäologen, Pfarrer, Richter und Ärzte – fanden sich zu diesem Großprojekt[27] zusammen, um den obergermanisch-rätischen Limes des Römerreiches (ORL) wissenschaftlich zu untersuchen und vollständig zu dokumentieren. Zu ihr gehörten z.B. Karl Zangemeister (1837-1902), Professor und Bibliothekar in Heidelberg, Felix Hettner (1851-1902), Direktor des Provinzialmuseums in Trier, Oskar von Sarwey (1837-

[26] Die Ausgrabung des Saalburgkastells im 19. Jahrhundert war für die Erforschung des Limes insgesamt wegweisend. Selbst Kaiser Wilhelm II. förderte die Rekonstruktion des Kastells. Der Wiederaufbau erfolgte 1898-1907. Vgl. Baatz, Limeskastell Saalburg, 10 ff.
[27] Vgl. Braun 9-32.

1912), württembergischer Generalleutnant, und Ernst Fabricius (1857-1942), Freiburger Althistoriker. Ihr gemeinschaftlich erarbeitetes Limeswerk gliedert sich in zwei Abteilungen: zum einen A Strecken und zum anderen B Kastelle. Die Reichslimeskommission wurde 1939 aufgelöst – ihre würdige Nachfolgerin ist die „Deutsche Limeskommission" (gegründet 2003 in Esslingen a. N.).

3. Die „Römisch-Germanische Kommission" (RGK). Sie wurde 1902 in Frankfurt a. M. als Zweigstelle des Deutschen Archäologischen Instituts gegründet, um die archäologische Erforschung der römischen Vergangenheit im Deutschen Reiche zu fördern.

In Baden-Württemberg schufen die Verabschiedung des Denkmalschutzgesetzes 1971 und die Gründung des Landesdenkmalamtes 1972 beste Voraussetzungen für eine gezielte und effektive Römerforschung.

2.2 Intensive Forschungsarbeit in Baden-Württemberg

Blicken wir auf die Vergangenheit zurück und würdigen wir das Lebenswerk großer Heimatforscher! Parallel zu anderen Bundesländern muss man auch in Baden-Württemberg die Anfänge der Römerforschung im 16. Jahrhundert suchen[28]. Als „Vater der römischen Altertumsforschung in Württemberg" gilt Simon Studion (1543-1605), Präzeptor an der Marbacher Lateinschule von 1572 bis 1605. Er entdeckte 1579 in einem Weinkeller in Benningen einen Weihealtar und 1583 weitere Steine. Seine Sammlung, Ergebnis systematischer Forschungen, gelangte als Geschenk für den Landesherrn Herzog Ludwig (1568-1593) nach Stuttgart. Diese Funde, die heute den Grundstock des römischen Lapidariums im Württembergischen Landesmuseum bilden, waren eine Triebfeder zu intensiven Altertumsforschungen im Decumatland. Christian Ernst Hanßelmann (1699-1775), der von 1766 bis 1770 Ausgrabungen in Öhringen durchführte, legte mit seinen Untersuchungen am Limes zwischen Mainhardt und Osterburken ein wichtiges Fundament, auf dem die sich entwickelnde Limesforschung aufbauen konnte. Am Ende des 18. Jahrhunderts folgten Ausgrabungen in Köngen (*Grinario*) und Rottweil (*Arae Flaviae*). Am Anfang des 19. Jahrhunderts rückte das römische Rottenburg (*Sumelocenna*) in das Blickfeld der Archäologie. Bahnbrechend für die archäologische Forschung waren die *Oberamtsbeschreibungen*, eine Bearbeitung der Altertümer in allen Landesteilen, die das von Daniel Memminger (1773-1840) gegründete „Statistisch-topographische Bureau" herausgab. Dass die Römerforschung in Württemberg allmählich einem

---

[28] Vgl. Planck, 500 Jahre Römerforschung in BW, 22-27; Filtzinger, Hic saxa loquuntur, 10 ff.

breiten Publikum zugänglich gemacht wurde, verdanken wir nicht nur den Altertumsvereinen, sondern auch dem Tübinger Professor Ernst Herzog (1834-1911), der mit einem Vortrag über die römischen Niederlassungen auf württembergischem Boden (1876) eine richtungweisende Phase der Provinzialrömischen Archäologie einleitete. Zusammen mit Josef Fink (1850-1929), einem ehemaligen Oberstleutnant, und dem Landeskonservator Paulus d. J. (1837-1907) hat Herzog 1877 den Limes auf württembergischem Gebiet vermessen und dadurch der Limesforschung in Deutschland wichtige Impulse gegeben.

Nach den beiden Weltkriegen, die einen tiefen Einschnitt in die bisherige Entwicklung bedeuteten, stand die archäologische Erforschung Südwestdeutschlands vor einem Neubeginn. Dank der Neugliederung der staatlichen Denkmalpflege und der wirksamen Öffentlichkeitsarbeit erlebte die Landesarchäologie seit Anfang der 1970er-Jahre einen immensen Aufschwung. Zahlreiche Publikationen zeugen von einer intensiven wissenschaftlichen Forschungsarbeit in Baden-Württemberg. Dieter Planck, Mitherausgeber des Standardwerkes *Die Römer in Baden-Württemberg*[29], darf mit Recht eine positive Bilanz ziehen:

„Ein Blick auf die mehr als 500-jährige Erforschung der römischen Vergangenheit in unserem Lande macht deutlich, in welchem Ausmaß archäologische Forschung zu allen Zeiten von den gesellschaftlichen Rahmenbedingungen geprägt wurde und wie sie das Bewusstsein der eigenen Vergangenheit verändert hat. Seit der Renaissance entwickelte sich im heutigen Baden-Württemberg eine systematische Beschäfti-

[29] Filtzinger, Ph./Planck, D./Cämmerer, B. (Hrsg.), Die Römer in Baden-Württemberg. Stuttgart 1986[3] (vgl. auch Planck, D. [Hrsg.], Die Römer in Baden-Württemberg. Römerstätten und Museen von Aalen bis Zwiefalten. Stuttgart 2005). Diese Publikation kann wie ihr Vorgängerwerk (Die Römer in Württemberg; von P. Goessler, F. Hertlein und O. Paret. 3 Bde.), das zwischen den beiden Weltkriegen erschien (1928-1932), als „Handbuch" der römischen Geschichte Südwestdeutschlands bezeichnet werden.

gung mit diesem Thema. Zunächst standen die zahlreichen Inschriften im Vordergrund, die die frühesten, erkannten Zeugnisse der Geschichte der Antike in unserem Lande darstellen. Daneben stand das Suchen nach verborgenen Schätzen […].“ [30]

Welche archäologischen Schätze bis jetzt im heimischen Boden entdeckt worden sind, dafür seien die drei Zentren des Decumatlandes Rottweil/*Arae Flaviae*, Rottenburg/*Sumelocenna* (mit den zur Rottenburger Gebietskörperschaft gehörenden Siedlungen Köngen/*Grinario*, Hechingen-Stein, Eutingen/Rohrdorf) und Ladenburg/*Lopodunum* Zeugen[31].

---

[30] Planck, 500 Jahre Römerforschung in BW, 22.

[31] Der Schwerpunktsetzung dieser Einführung entsprechend werden in erster Linie die Zeugnisse mit religiöser Bedeutung berücksichtigt. In die Auswahl der Siedlungen einbezogen sind auch Ennetach und Rißtissen, die zur Provinz Rätien gehörten und bedeutende Kastelle am Donaulimes waren.

II. Archäologische Zeugnisse in unserer Heimat

1. Das Decumatland als Untersuchungsraum provinzialrömischer Forschungen

1.1 Zur Besetzungsgeschichte Südwestdeutschlands

„[...] Mit deinem Heer [gemeint ist das Heer des Augustus] nämlich hat Drusus die Genaunen, das unversöhnliche Volk, die flinken Breunen und die Burgen, die die entsetzlichen Alpen krönten, niedergeworfen mit mehr als einfacher Vergeltung. Dann führte bald der ältere Nero einen schweren Kampf und schlug die gewaltigen Räter unter günstigen Zeichen in die Flucht."

Horaz, carm. 4,14,9-16

Diese Verse stammen von dem berühmten Dichter Horaz (65-8 v. Chr.), der auf Wunsch des Kaisers Augustus (27 v. Chr. - 14 n. Chr.) sein viertes Odenbuch (*carminum liber quartus*) verfasste. Selbst der mit Horaz-Gedichten nicht vertraute Leser sieht sofort, dass der Dichter eine heftige Schlacht im Alpengebiet beschreibt, die die Römer für sich entscheiden konnten. Wie kam es dazu?

Nach der Eroberung Galliens durch C. Iulius Caesar in den Jahren 58-51 v. Chr. bildete der Rhein die Grenze des Imperiums gegen die Germanen. Als ihn jedoch 16 v. Chr. die germanischen Sugambrer überschritten und die 5. Legion unter Marcus Lollius vernichteten, war das Selbstbewusstsein Roms deutlich geschwächt[32]. Augustus reformierte die Verwaltung Galliens (16-13 v. Chr.), indem er es in die drei

[32] Vgl. Horaz, carm. 4,9,30 ff.; Wolters 26; RBW 29.

Provinzen *Belgica*, *Lugdunensis* und *Aquitania* einteilte. Er fasste den Plan, Germanien bis zur Elbe zu unterwerfen und die Nordgrenze Italiens bis zur Donau vorzuschieben[33]. Da sich dieses Vorhaben nur nach Einnahme der Alpenpässe verwirklichen ließ, kamen Teile des heutigen Baden-Württemberg zum ersten Mal während des Alpenfeldzuges der Stiefsöhne des Augustus, Tiberius und Drusus, 15 v. Chr. mit römischen Legionen in Berührung, die in einem schweren Kampf die Bergstämme der Räter und Vindeliker besiegten. In dasselbe Jahr fällt auch die Okkupation des Königreichs *Noricum*, das Ober-, Niederösterreich, die Steiermark und mehrere Gebiete Sloweniens umfasste. Die Vorstöße des Tiberius und Drusus waren schließlich so erfolgreich, dass der Widerstand der Germanen gebrochen werden konnte und sich die germanischen Stämme zwischen Rhein und Elbe unterwarfen; Germanien kam seit 6 n. Chr. einer tributpflichtigen Provinz gleich[34]. Allerdings machte im September 9 n. Chr. eine große Katastrophe alle weiteren Pläne Roms zunichte: Im Teutoburger Wald vernichteten die Germanen unter Führung des Arminius drei Legionen (17., 18. und 19. Legion) und neun Hilfstruppeneinheiten. Bei dieser Schlacht fanden insgesamt 25 000 Mann den Tod. Der Legat Varus, der die Situation falsch eingeschätzt und die Germanen unterschätzt hatte, stürzte sich in sein Schwert. Die *clades Variana* („varianische Niederlage")[35] ereignete sich nach den neuesten archäologischen Erkenntnissen beim heutigen Kalkriese im Kreis Osnabrück. Hier wurden im Jahre 1987 Münzen und andere römische Gegenstände entdeckt, die Zeugen eines erbitterten Kamp-

---

[33] Vgl. Bechert 114 ff.; Ternes, Römisches Deutschland, 55 ff.; Kemkes, Vom Rhein an den Limes und wieder zurück, 44 f.; Dietz, Zur historischen Geographie nördlich der Alpen, 1 f.

[34] Vell. 2,97. Vgl. RBW 34-36; Bechert 118.

[35] Offiziell: *bellum Varianum*. CIL XIII 8648; Vell. 2,119. Vgl. Bechert 119 f. und 30-36.

fes sind. Die Konsequenz der „Varus-Niederlage“ war der Verzicht Roms auf die Gebiete zwischen Rhein und Elbe. Obwohl in den Jahren 14-16 n. Chr. Germanicus, der Sohn des Drusus, mit dem Kommando der Rheinarmee erneut Feldzüge ins rechtsrheinische Germanien unternahm, brachten diese Aktionen keine nennenswerten Erfolge: Zum einen wurde Germanicus 16 n. Chr. durch Kaiser Tiberius abberufen, zum anderen erließ Kaiser Claudius (41-54 n. Chr.) später den für die gesamte Rheinlinie geltenden Befehl, die römischen Truppen auf das linke Rheinufer zurückziehen zu lassen. Rom war gescheitert. Lediglich die Alpen und das Alpenvorland bis zur Donau konnte das Römische Reich in jenem 30-jährigen Eroberungskrieg hinzugewinnen.

Abb. 5: Germanicus Caesar im Triumphwagen 17 n. Chr.

Unter Tiberius (14-37 n. Chr.) und Claudius sicherte man die Donau mit Kastellen, von denen sich die ersten ab ca. 15/20 n. Chr. nachweisen lassen[36]. Das Legionslager *Vindonissa* (Windisch/Schweiz) am Hochrhein wurde 16/17 n. Chr. gebaut, von wo aus eine Militärstraße entlang dem Bodensee über Bregenz, Kempten und Gauting nach Salzburg führte. Die Donau-Kastellkette (Donaulimes) begann mit dem Lager bei Hüfingen an der Breg und führte über Mengen-Ennetach, Rißtissen, Günzburg und Aislingen nach Oberstimm (Abb. 6). In den Kastellen waren meistens Hilfstruppen aus den eroberten Gebieten stationiert, die neben militärischen Aufgaben für den Straßenbau und die Kontrolle des Handels sorgten. Unter Vespasian (69-79 n. Chr.), der nach dem Selbstmord Neros (54-68 n. Chr.) als Sieger aus den Thronwirren hervorgegangen war, griffen die Römer erneut auf das rechte Rheinufer über. Er beauftragte den Legaten Obergermaniens Cn. Pinarius Cornelius Clemens, eine Straße von *Argentorate* (Straßburg/Frankreich) durch das Kinzigtal nach Rätien zu bauen. Mit der Umgehung des Rheinknies bei Basel wurde die Strecke vom Rhein an die Donau um gut 160 km verkürzt[37]. Ein Meilenstein von Offenburg (CIL XIII 9082) bezeugt diesen Straßenbau:

Inschrift: [IMP(eratore) VESPASIANO CAES(are) AVG(usto) P(ontifice) M(aximo)] / [TRIB(unicia) POT(estate) V IMP(eratore) XIII P(atre) P(atriae) CO(n)S(ule) V DES(ignato) VI] / [IMP(eratore) TITO CAESARE AVG(usti) F(ilio)] / ***IMP****[(eratore) V CO(n)S(ule) III DESIGN(ato) IV] /* ***CAESAR****[E AVG(usti) F(ilio) DOMITIA]****NO*** */* ***CO****(n)****S****(ule) [II DESIGN(ato) III] /* ***CN****(aeo)* ***COR****[NELIO CLEMEN]****TE*** */* ***LEG****(ato) [AVG(usti) PR(o) PR(aetore)] /* ***ITER DE****[RECTVM AB ARGE]****NTORATE*** */* ***IN R****[AETIAM]. /* ***A****[B ARGENTORATE M(ilia) P(assuum) XIV].*

[36] Vgl. Hüssen 58 ff.
[37] Vgl. Walser 9; Filtzinger, Arae Flaviae, 38-41.

Übersetzung: Unter dem Imperator Vespasianus Caesar Augustus, Oberpriester, / als er die tribunizische Gewalt zum 5. Mal innehatte, Imperator zum 13. Mal war, Vater des Vaterlandes, Konsul zum 5. Mal, bestimmt zum 6. Mal / und dem Imperator Titus Caesar, Sohn des Augustus, / als er **Imperator** zum 5. Mal, Konsul zum 3. Mal war, bestimmt zum 4. Mal / und dem **Caesar**, Sohn des Augustus, **Domitianus**, / als er **Konsul** zum 2. Mal war, bestimmt zum 3. Mal / ließ **Gnaeus Cornelius Clemens**, / **Stellvertreter des Kaisers** (beim obergermanischen Heer), / **eine Straße bauen von Straßburg** / **nach Rätien**. / Von Straßburg sind es 14 römische Meilen (73/74 n. Chr.).

Der Bau der neuen Rhein-Donau-Straße erforderte militärpolitische und organisatorische Maßnahmen von den Römern: die Sicherung des Neckarübergangs auf beiden Seiten, die Aufgabe der westlichen Donaulinie mit ihren Kastellen, die Vorverlegung des Militärs auf die Alb (Alblimes) – kurz: die Besetzung der *decumates agri*.
Kaiser Domitian (81-96 n. Chr.), der durch außenpolitische Erfolge seine Herrschaft in Rom festigen wollte und daher den germanischen Stamm der Chatten angriff, brachte mit dem Zugewinn der Wetterau und der Planung des Odenwald-Neckar-Limes die rechtsrheinische Okkupation zu einem vorläufigen Abschluss. Der Ausbau des Limes erfolgte zu Beginn der Regierung Trajans (98-117 n. Chr.). Ursprünglich bezeichnete der Begriff *limes* einen Grenzweg, später dann die Grenzbefestigungen des Römischen Reiches[38]. Der „eigentliche" Limes war zunächst ein Postenweg mit Holztürmen, den Hadrian (117-138 n. Chr.) durch eine vorgelagerte Palisade sicherte. Antoninus Pius (138-161 n. Chr.) ließ die Kastelle (Abb. 9) und Holztürme in Stein ausbauen (Abb. 8). Der obergermanisch-rätische Limes (ORL; Abb. 10) führte von der Mündung des Vinxtbaches (zwi-

[38] Tac. Germ. 29; ann. 1,50.

schen Bad Hönningen und Rheinbrohl nördlich von Koblenz) über Lorch (östlich von Stuttgart) bis nach Eining an der Donau (westlich von Regensburg)[39]. Trotz mehrerer Ausbauphasen bot die gewaltige Grenzanlage mit einer Länge von ca. 550 km den Römern keinen dauerhaften Schutz gegen die Germanen. Bereits kurze Zeit nach der endgültigen Festlegung des Limes erschütterten die Markomannenkriege (166-180 n. Chr.) unter Kaiser Marc Aurel (161-180 n. Chr.) an der mittleren Donau das Reich. Zur Sicherung der Donaufront in Rätien bezog 179 n. Chr. die neu ausgehobene *legio III Italica* ihr Standlager in Regensburg/*Castra Regina*. Die Markomannenkriege waren Vorboten einer noch größeren Katastrophe: 233 n. Chr. „überrannten" die Alemannen den Limes und drangen bis an den Rhein und in das Alpenvorland vor. Ein erneuter Germanensturm 259/260 n. Chr. sowie innenpolitische Probleme – die Auseinandersetzungen zwischen Gallienus (253-268) und dem „Gegenkaiser" Postumus (259-268) hatten die Herrschaft der Römer deutlich geschwächt – führten schließlich zur Aufgabe des Limes und zum endgültigen Rückzug der Römer aus dem Limesgebiet. Rhein und Donau waren wieder die Grenzflüsse[40].

[39] Vgl. Bechert 311-315; Baatz, Der Römische Limes, 75 ff.; Elbe 163-169.
[40] Vgl. Bechert 171-177.

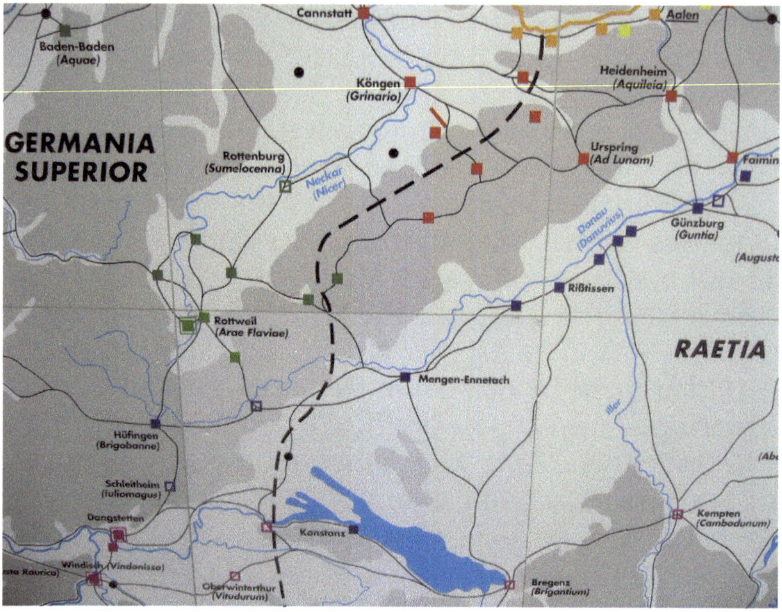

Abb. 6: Die römische Besetzung Südwestdeutschlands vom 1.-3. Jh. n. Chr.

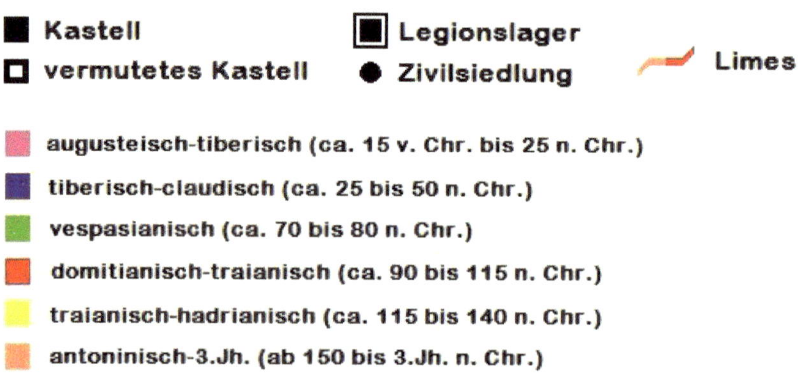

Abb. 7: Legende zur Abbildung 6

Abb. 8: Ausschnitt aus dem Limes (Zinnfigurendiorama)

Abb. 9: Modell eines Römerkastells

1.2 Die Decumates Agri

Tacitus erwähnt die ***decumates agri*** in seiner *Germania* (Kap. 29) bei der Beschreibung der einzelnen Stämme:

„[...] Nicht zu den Völkern Germaniens möchte ich die Leute zählen, die das Decumatland bebauen, wenn sie sich auch jenseits von Rhein und Donau angesiedelt haben: Gallisches Gesindel und Abenteurer aus Not eigneten sich den umstrittenen Boden an. Seitdem die Reichsgrenze gezogen ist und die Militärposten vorgeschoben sind, gilt das Gebiet als Vorland des Imperiums und Teil der Provinz."

Wie ist diese viel zitierte Textpassage des römischen Geschichtsschreibers zu verstehen?[41] Nach seinem Bericht war die Gegend zwischen Rhein und Donau vor der militärischen Inbesitznahme herrenlos und wurde von landlos gewordenen Bauern aus den gallischen Provinzen besiedelt. Die strittige, nur bei ihm belegte Wendung ***decumates agri*** (Decumatland: „Zehntland") ist regional schwer zu fassen und unklar hinsichtlich ihrer Herleitung von „Pachtzins", die zwar denkbar, aber dennoch fragwürdig scheint. Heute versteht man darunter im engeren Sinne das untere bzw. obere Neckarland, im weiteren Sinne das gesamte Gebiet zwischen Rhein und Donau einschließlich der Wetterau[42]. Die Provinzialrömische Archäologie konnte im Decumatland Siedlungskontinuität und zahlreiches römisches Kulturgut nachweisen. Bevor wir die archäologischen Zeugnisse untersuchen, stellt sich die Frage nach der Organisation des betreffenden Siedlungslandes, zumal nach der römischen Okkupation größere Siedlergruppen dem Militär nachzogen.

---

[41] Zu diesem Problem vgl. Dietz, DNP 3 (1997), 354 f.
[42] Vgl. Spickermann, Germania Superior, 33 f.

Abb. 10: Sonderbriefmarke „Limes – Weltkulturerbe der UNESCO" (2007)

1.3 Romanisation und Organisation

Ein Zeitungsartikel (WOM-Magazin, Schwarzwälder Bote vom 4. April 2001) dokumentiert sensationelle Funde im nördlichen Schwarzwald:

Einen der größten Grabhügel entdeckt

Auf der Spur des Keltenfürsten

Kreis CALW (hof). Spitzhacke und Schaufel blieben unberührt. Kein Bagger kam zum Einsatz. Stattdessen gingen die Wissenschaftler mit Bodenradar und Magnetometer ans Werk. Die Messungen zeigten: Unter dem unscheinbaren und mit Gras bewachsenen Hügel befindet sich die Grabkammer eines keltischen Fürsten (Abb. 11).

Für die Nagolder ist der etwas merkwürdig anmutende Hügel in direkter Nachbarschaft zur Innenstadt schlicht der Krautbühl. So genannt nach den 14 Kleingärten, die das Grab bis 1986 bedeckten. Ein respektloser Name für ein bedeutendes Kulturdenkmal. Denn nicht nur für Keltenfachmann Günther Wieland vom Landesdenkmalamt Karlsruhe ist der etwa 4,50 Meter hohe Grabhügel mit seinen 50 Metern Durchmesser etwas ganz Besonderes: „Es ist einer der größten und besterhaltenen Grabhügel der Kelten überhaupt." Und die jüngsten Untersuchungen erhöhen den historischen Wert der kleinen Bergkuppe ungemein.

In etwa vier Metern Tiefe, nahezu zentral unter der Hügelkuppe, zeigte der Bodenradar verstärkte Reflexionen auf einer Fläche von 2,5 auf 3,5 Meter. Für den Mössinger Geofachmann Arno Patzelt ist klar: „Ein deutlicher Hinweis auf eine Grabkammer." Die eigentliche Sensation für Keltenkenner aber ist: Das Nagolder Fürstengrab soll noch unberührt sein. „Das ist ein wahrer Glücksfall", freut sich Wieland. Äußerst selten kommt es vor, dass alte Gräber unberührt sind. Denn, Grabräuber gab es wohl in jeder Epoche der Menschheit. „Oft wurden die Gräber schon zu antiker Zeit geplündert", sagt Wieland. Ein 2500 Jahre altes und unberührtes Keltengrab ist also sicherlich eher die Ausnahme als die Regel. Der 2500 Jahre alte Grab-

hügel dürfte in der Nagolder Geschichte schon immer eine bedeutende Rolle gespielt haben. Bereits im 19. Jahrhundert stieß man auf römische Scherben. 1899 fand man ein aus Steinplatten errichtetes Grab im oberen Bereich des Hügels. Weitere Funde folgten: Steinplattengräber, ein Eisenmesser oder auch Reste eines Bronzeringes und zwei Glasperlen. 1938 soll der damalige Eigentümer des Krautbühls ein verrostetes Eisenschwert aus einem Grab geholt haben – diese Grabbeigabe ging allerdings in den folgenden Jahren verloren. Günther Wieland geht davon aus, dass der Krautbühl sowohl um 200 nach Christus als auch im späten 7. Jahrhundert als Begräbnisort genutzt wurde. 14 solcher Steinplattengräber machte die Geophysik jetzt sichtbar.

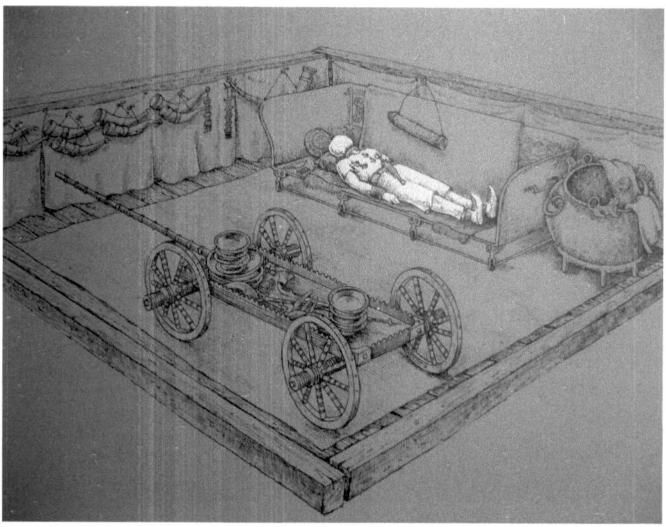

Abb. 11: Rekonstruktionszeichnung: Grabkammer eines keltischen Fürsten

Das Beispiel ist ein Indiz dafür, dass große Teile Deutschlands in historisch greifbarer Zeit von Kelten besiedelt waren. Wie man bei den Germanen zwischen Ost-Germanen (Goten, Burgundern, Wandalen), West-Germanen (Alemannen, Franken, Bayern, Sachsen, Friesen) und Nord-Germanen (Dänen, Norwegern, Schweden) unterscheidet, so verbirgt sich auch hinter dem Oberbegriff „Kelten", der eine indogermanische Völkergruppe beschreibt, eine Vielzahl von Stämmen: die Gallier (in Südfrankreich, Oberitalien), Belgen (in Nordfrankreich, Südengland), Briten (in England, Wales) und Galater in Kleinasien. Mit den Fundorten Hallstatt (in Oberösterreich) und La Tène (am Neuenburger See in der Schweiz) sind zwei keltische Kulturen und deren Einfluss belegt, die zeigen, dass sich seit dem 1. Jahrtausend v. Chr. Kelten in unserem Raum niedergelassen haben[43]. Eine überregional bekannte keltische Ansiedlung ist die Heuneburg bei Hundersingen an der oberen Donau (Abb. 13). Es handelt sich um einen Fürstensitz der Späthallstattzeit (6. Jh. v. Chr.). Die Latènezeit, die sich an die Späthallstattzeit anschließt (5.-1. Jh. v. Chr.), ist charakterisiert durch keltische Wanderbewegungen, die auch Rom zu spüren bekam: Im Juli 387 v. Chr. hatten die Kelten nach Besetzung der Poebene das römische Heer an der Allia, dem linken Nebenfluss des Tiber, vernichtet und Rom geplündert.

Die keltischen Helvetier, die nach Tacitus (Germ. 28) in dem Gebiet zwischen Rhein, Main und Donau wohnten, zogen im 1. Jahrhundert v. Chr. (Caes. Gall. 1,5) unter dem germanischen Druck aus Süddeutschland ab, um sich in Südfrankreich neue Siedlungsgebiete zu suchen, wurden aber durch das Eingreifen Caesars bei *Bibracte* (vgl. Gall. 1,23 ff.) daran gehindert. Beim Auszug aus ihrer Heimat hatten sie, wie Caesar berichtet, ihre Siedlungen (*oppida*, *vici*, *aedificia privata*) angezündet, um jede Hoffnung auf eine Rückkehr zu zerstören. Solche befestigten Städte (*oppida*) der Kelten

[43] Vgl. Fischer, F. 58 ff.

konnten in Südwestdeutschland archäologisch nachgewiesen werden (z.B. Zarten/*Tarodunum* bei Freiburg)[44].
Typisch für die Spätlatènezeit sind die sogenannten Viereckschanzen (Abb. 14), die über das ganze Land Baden-Württemberg verstreut sind (z.B. in Mengen-Ennetach, Mössingen-Belsen und im Vaihinger Wald bei Rottweil) und lange Zeit als Kultanlagen interpretiert wurden. Die neuere Forschung jedoch neigt dazu, sie mit den *aedificia privata* (Einzelgehöften) in Verbindung zu bringen, und deutet sie als Gutshöfe[45].

Abb. 12: Rekonstruktionszeichnung: Keltische Siedlung

[44] Vgl. RBW 50.
[45] Vgl. Spickermann, Germania Superior, 13.

Abb. 13: Aktionstag auf der Heuneburg

Abb. 14: Modell einer keltischen Viereckschanze

Mit der Ankunft der römischen Truppen im Decumatland veränderte sich das Siedlungsbild. Bald entstanden Städte und Dörfer in der „helvetischen Einöde“. Entscheidend für den Verlauf und das Ergebnis der Romanisierung, unter der man die Ausbreitung des „Römischen“ und die Eingliederung der einheimischen Bevölkerung in die provinzialrömischen Strukturen versteht, waren grundlegende Übereinstimmungen zwischen der Kultur der Eroberer und der der Eroberten. In Gallien bot bereits bei der Okkupation durch Caesar eine kulturelle Kompatibilität beste Voraussetzungen für eine erfolgreiche Integration der bestehenden Stammesgemeinden in die römische Gesellschaft[46]. Dadurch konnten

[46] Vgl. Krausse 56-62.

verschiedene Elemente zu einer neuen Mischkultur verschmelzen:

„Die Zivilisation der gallischen Provinzen bildet so im Ganzen gesehen ein Mosaik, in dem sich überlebende einheimische, ferner römische, griechische und orientalische Elemente zu einer sehr persönlich wirkenden Mannigfaltigkeit von Tönungen und Farben verbanden. Dieses Schauspiel bietet uns die Archäologie des römischen Gallien.“[47]

In Baden-Württemberg sind viele keltische Ortsnamen aus römischer Zeit überliefert (z.B. *Lopodunum*, *Sumelocenna*)[48]. Da bei derartigen Orten die vermuteten spätlatènezeitlichen Vorgängersiedlungen bis heute vergeblich gesucht werden, erhebt sich die Frage, ob die keltischen Ortsbezeichnungen generell vorrömisch-keltische (helvetische) Verhältnisse angeben oder ob nicht eher die romanisierten Zuwanderer aus Gallien für die keltischen Elemente (auch für die Ortsnamen) in den rechtsrheinischen Siedlungen der Römerzeit verantwortlich sind[49]. So bringt „Romanisierung“ zum einen die politische Dominanz der Römer zum Ausdruck, zum anderen ist sie ein Prozess, bei dem sich die Völker vermischten und eine neue Kultur hervorbrachten. Daher wird dem gängigeren Begriff „Romanisierung“ bewusst „Romanisation“ gegenübergestellt, die deutsche Bezeichnung für den Terminus *self-romanization*, mit der man weniger eine imperialistische römische Politik verbindet. Den mehrphasigen Kulturwandel (Akkulturation)[50] im Zuge der Romanisation hat Wolfgang Spickermann im römischen Obergermanien untersucht. Die religionswissenschaftliche

---

[47] Hatt 316.
[48] Vgl. Greule 80-84.
[49] Vgl. Nuber, Kelten im römischen Baden-Württemberg, 75; Sommer, Vom Kastell zur Stadt, 124.
[50] Vgl. Bechert 140-142.

Arbeit[51], die parallel zur Besetzungsgeschichte historisch-chronologisch vorgeht, unterscheidet vier Phasen[52]:

1. Phase der Eroberung (15 v. bis ca. 70 n. Chr.)

Wichtigstes Kennzeichen dieser Phase ist ein Nebeneinander der einheimischen Kulte und des Kaiserkultes, der von der Besatzungsmacht praktiziert wird. Hier werden die lokalen und regionalen Kulte zunächst funktional gedeutet. Keltische (Caes. Gall. 6,17,1-2) und germanische Gottheiten erhalten römische Namen. Tacitus (Germ. 43) nennt diese Gleichsetzung *interpretatio Romana*[53]:

„[...] Bei den Naharvalern zeigt man einen Hain mit altem Kult[54]*. Vorsteher ist ein Priester in Frauentracht; die Gottheiten, so wird berichtet, könnte man nach römischer Auffassung Kastor und Pollux*[55] *nennen."*

2. Phase der Konsolidierung (bis ca. 150 n. Chr.)

Die lateinische Sprache und Schrift dominiert in der sich durchsetzenden römischen Opferpraxis. Das Militär und die einheimischen Eliten gelten als Träger der Kulte.

---

51 Spickermann, Germania Superior. Religionsgeschichte des römischen Germanien I. Tübingen 2003.

52 Vgl. Kemkes, Bei allen Göttern, 200-207.

53 Vgl. die Kritik von Spickermann an diesem Begriff: „*Der Terminus interpretatio Romana ist damit, im Sinne von G. Wissowa gebraucht, insofern irreführend, als der Eindruck einer römisch gelenkten Akkulturation entsteht, welche die Provinzialeliten veranlaßte, ihre eigentlich nicht gleichrangigen Landesgötter nunmehr in Sprache und Stil der Herrschenden zu verehren*" (Spickermann, Aspekte einer >neuen< regionalen Religion. In: Cancik, H./Rüpke, J. [Hrsg.], Römische Reichsreligion und Provinzialreligion, 148).

54 Tacitus beschreibt hier ein germanisches Heiligtum. Die Naharvaler (Nahanarvaler) sind Ost-Germanen an der oberen Oder sowie zwischen Oder und Weichsel.

55 Söhne des Zeus, auch Dioskuren („Zeussöhne") genannt. Sie wurden von den Griechen und Römern als Helfer in der Schlacht und Retter in Seenot verehrt.

3. Phase der intensiven Romanisation (150 bis ca. 230/260 n. Chr.)

Größere Bevölkerungsgruppen werden romanisiert, die Zivilbevölkerung wird erfasst und schließlich ist ein Boom von Weihedenkmälern festzustellen. Die verschiedenen religiösen Vorstellungen durchdringen sich gegenseitig, es bildet sich eine gallorömische Provinzialreligion heraus.

4. Phase der Auflösung (ab 230/260 n. Chr.)

Der Fall des Limes und die Aufgabe des Decumatlandes bewirken einen langsamen Untergang der Provinzialreligion. Einzelne Kulte existieren noch lange und konkurrieren mit dem aufkommenden Christentum.

Die Organisation des hinzugewonnenen Decumatlandes erfolgte im Rahmen der römischen Provinzialverwaltung, die mit Augustus eine Neuordnung (Aufteilung der Provinzen in „kaiserliche" und „senatorische" Provinzen) erfahren hatte[56]. Die beiden germanischen Heeresbezirke am Rhein wurden 84/85 n. Chr. in Provinzen umgewandelt[57]:

1. Die Provinz **Obergermanien** (*provincia Germania superior*) mit der Hauptstadt Mainz/*Mogontiacum*.
2. Die Provinz **Niedergermanien** (*provincia Germania inferior*) mit der Hauptstadt Köln/*Colonia Claudia Ara Agrippinensium*.

Die obergermanische Provinz umfasste das gesamte Mittel- und Oberrheingebiet hinter dem Limes und erstreckte sich über Teile der Bundesländer Rheinland-Pfalz, Hessen, Saar-

---

[56] Der Begriff „Provinz" (lat. *provincia*) bezeichnet zunächst den Aufgabenbereich und die Befugnisse eines römischen Beamten. Nach Erwerb außeritalischer Gebiete seit 227 v. Chr. versteht man darunter das von römischen Statthaltern verwaltete Land. Der Statthalter einer „kaiserlichen" Provinz (*legatus Augusti pro praetore*) handelte im Auftrage des Kaisers, der Statthalter einer „senatorischen" Provinz (*proconsul*) im Auftrage des Senats. Vgl. Eck, Provinz – Ihre Definition, 15 ff.; Schumacher 28.

[57] Vgl. Spickermann, Germania Superior, 27.

land, Baden-Württemberg sowie der Schweiz und Ostfrankreichs. Im Südosten schloss sich an Obergermanien die Provinz Rätien (*Raetia*) an (Abb. 6).
Unter den Kaisern Aurelian (270-275 n. Chr.) und Probus (276-282 n. Chr.) kam es zu einer Neuordnung der Verhältnisse am Rhein. Eine Augsburger Ehreninschrift feiert Probus, der die Rhein- und Donaugrenze gegen die germanischen Stämme sichern konnte, als „Wiederhersteller der Provinzen und öffentlichen Bauten“[58]. Kaiser Diokletian (284-305 n. Chr.) setzte die Reorganisation fort, indem er die Grenzlinien mit neuen Verteidigungsanlagen befestigte („Donau-Iller-Rhein-Limes“). Im Zuge seiner administrativen Reformen – er teilte das Reich in vier Verwaltungsbezirke und zwölf Diözesen auf – wurden auch die germanischen Provinzen neu gegliedert[59]:
***Germania I** (Germania prima)*: Obergermanien mit dem nördlichen linksrheinischen Teil bis südlich Straßburg, Hauptstadt Mainz/*Mogontiacum*.
***Germania II** (Germania secunda)*: Niedergermanien, Hauptstadt Köln/*Colonia Claudia Ara Agrippinensium*.
Der südliche Teil Obergermaniens zwischen Oberrhein und Genfer See wurde zur Provinz *Sequania* (später *Maxima Sequanorum*) mit der Hauptstadt Besançon/*Vesontio*.
Unter Konstantin (306-337 n. Chr.) erfolgte schließlich die Teilung Rätiens:
***Raetia I** (Raetia prima)*: Ostschweiz und das Land westlich des Arlberges, Hauptstadt Chur/*Curia*.
***Raetia II** (Raetia secunda)*: Gebiet zwischen Bodensee und Inn, Hauptstadt Augsburg/*Augusta Vindelicum*.
Während *Germania I*, *Germania II* und *Sequania* zur Diözese *Galliae* gehörten, unterstanden *Raetia I* und *Raetia II* der italischen Präfektur (Diözese *Italia annonaria*).

---

[58] Vgl. Bechert 183.
[59] Vgl. Spickermann, Germania Superior, 484; Fischer, Th., Die germanischen Provinzen in der Spätantike, 207-212; RBW 101 f.

Baden-Württemberg in seiner heutigen Ausdehnung entspricht keiner römischen Verwaltungseinheit, sondern gehörte den Provinzen *Germania Superior* und *Raetia* an[60]. Der Statthalter von Obergermanien (*legatus Augusti pro praetore*) residierte in Mainz/*Mogontiacum*, der Statthalter von Rätien (*procurator*)[61] in Augsburg/*Augusta Vindelicum*; ihnen oblagen das militärische Kommando und die Zivilverwaltung. Konstitutiv für Obergermanien war seine Gliederung in Gebietskörperschaften (*civitates*; Abb. 15) mit ihrer Ausrichtung auf einen Hauptort (*vicus*)[62]. In jeder *civitas* sorgten ein Rat (*ordo decurionum*) und Magistrate (zwei *duoviri* = Bürgermeister; zwei *quaestores* = Kämmerer; zwei *aediles* = „Polizisten") für die Regelung des öffentlichen Lebens und die Kommunalpolitik[63]. Im rechtsrheinischen Obergermanien sind folgende neun *civitates* bekannt[64], die unter Trajan (98-117 n. Chr.), Antoninus Pius (138-161 n. Chr.) oder Marc Aurel (161-180 n. Chr.) gegründet wurden:

1. *Civitas Mattiacorum* mit dem Verwaltungszentrum Wiesbaden/*Aquae Mattiacae*
2. *Civitas Taunensium* mit dem Verwaltungszentrum Frankfurt-Heddernheim/*Nida*
3. *Civitas Auderiensium* mit dem Verwaltungszentrum Dieburg
4. *Civitas Ulpia Sueborum Nicrensium* mit dem Verwaltungszentrum Ladenburg/*Lopodunum*

[60] Vgl. Dietz, Teil zweier Provinzen, 104-109.

[61] Kleinere territoriale Verwaltungseinheiten unterstanden einem ritterlichen Statthalter (*procurator*) im Auftrage des Kaisers.

[62] Vgl. Spickermann, Die germanischen Provinzen, 21 f.

[63] Vgl. Sommer, Vom Kastell zur Stadt, 125; Fischer, Th., Die Römer in Deutschland, 69; Baatz, Der Römische Limes, 52 ff.

[64] In der Forschung sind Datierung, Lokalisierung und Hauptort der einzelnen *civitates* nicht unumstritten. Vgl. Spickermann, Germania Superior, 447 ff.; Rabold, Civitashauptorte, 98-103; Wilmanns 123 ff.; Fischer, Th., Die Römer in Deutschland, 54 ff.; Sommer, Die städtischen Siedlungen, 119 f.

5. *Civitas Alisin(ensis?)* mit dem Verwaltungszentrum Bad Wimpfen
6. *Civitas Aurelia G(_ _ _)* mit dem Verwaltungszentrum Stuttgart-Bad Cannstatt oder Öhringen
7. *Civitas Aquensis* mit dem Verwaltungszentrum Baden-Baden/*Aquae*
8. *Civitas Sumelocennensium* mit dem Verwaltungszentrum Rottenburg/*Sumelocenna*
9. *Civitas* um Pforzheim/*Portus*

Für Rätien wird Heidenheim/*Aquileia* als Verwaltungszentrum einer *civitas* vermutet.

Die Hauptorte der *civitates* waren stadtartige Siedlungen (*vici*), jedoch ohne Stadtrecht im juristischen Sinne. Dagegen besaß eine neu gegründete Stadt, welche den Titel *colonia* trug, als „Filiale Roms" das volle römische Stadtrecht. Bereits bestehende Städte konnten „römisch modifiziert" werden, indem man sie zum *municipium* erhob[65]. Dieser Rechtsstatus unterschied sich in der Kaiserzeit kaum noch von dem einer *colonia*; dennoch war der *colonia*-Titel der begehrtere. Im Vergleich zu anderen Provinzen ist die Zahl der Stadtgründungen im römischen Deutschland relativ gering. Im rechtsrheinischen Obergermanien ist als einzige Stadt das Municipium Rottweil/*Arae Flaviae* und in Rätien lediglich das Municipium Augsburg/*Augusta Vindelicum* überliefert[66]. Im Decumatland hingegen prägte vor allem der römische Gutshof (*villa rustica*) das Siedlungsbild. Die Gutshöfe (in Baden-Württemberg sind über 1 500 nachgewiesen), die das wirtschaftliche Rückgrat des Landes bildeten, gewährleisteten durch Ackerbau und Viehzucht die Versorgung der Bevölkerung[67] (Abb. 16). Die archäologischen Ausgrabungen und Rekonstruktionen zeigen, dass sie oft in der Nähe von größeren Siedlungen oder Fernhandelsstra-

[65] Vgl. Frateantonio 85-89; Bechert 153 f.; Wolters 79.
[66] Vgl. Spickermann, Germania Superior, 37; Bechert 153 f.
[67] Vgl. Nuber, Villae rusticae, 270-277.

ßen lagen und aus mehreren Gebäuden (Hauptgebäude, Werkstatt, Speicher, Bad, Tempelbezirk) bestanden[68]. Die Besiedlung Südwestdeutschlands hat in militärischen Strukturen ihre Grundlage, da die meisten *vici* im Donau- und Neckargebiet ehemalige Lagerdörfer waren, die zu den Kastellen gehörten und der Aufsicht des Militärs unterstanden[69].

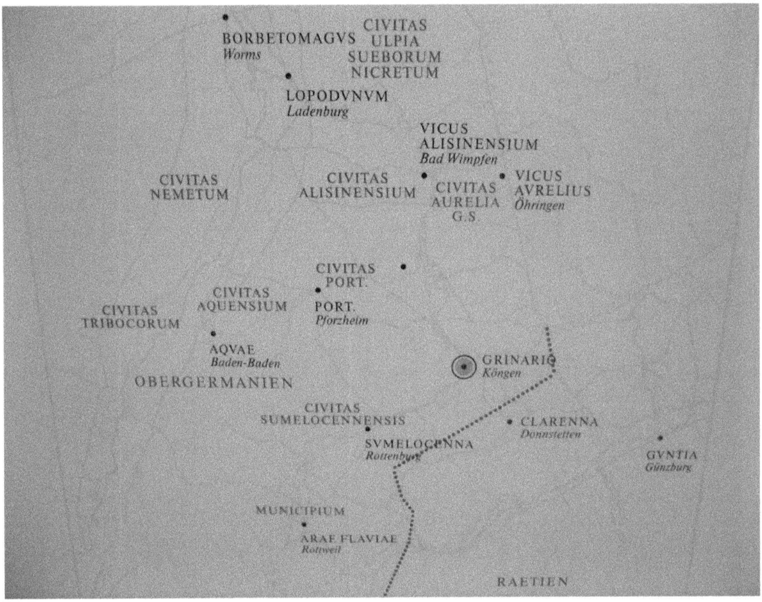

Abb. 15: Gebietskörperschaften/*civitates* in Obergermanien

---

[68] Die neuere Forschung sieht einen Zusammenhang zwischen den keltischen Viereckschanzen und den *villae rusticae* in den nordwestlichen Provinzen. Vgl. dazu Neth 71-74.

[69] Vgl. Kortüm 154; Jütting 108-114. Beide germanischen Provinzen (*Germania Superior* und *Germania Inferior*) sind aus Heeresbezirken hervorgegangen. Vgl. dazu Spickermann, Germania Superior, 1 f.

Abb. 16: Leben auf dem Lande (Zinnfigurendiorama)

2. Die Römer an der Donau

2.1 Das Kastell in Ennetach

Mit Hilfe der neuen Methoden in der Archäologie konnte das Römerkastell in Ennetach, dessen Erforschung bereits im 19. Jahrhundert begann, jetzt eindeutig lokalisiert werden[70]. Ein Zeitungsartikel (SZ vom 17.09.2005) dokumentiert die dortigen Ausgrabungsarbeiten:

Die Grabungen sind vorerst beendet

MENGEN-ENNETACH (sab). Die Ausgrabungsarbeiten auf dem Ennetacher Berg sind vorläufig abgeschlossen. Professor Hartmann Reim, Leiter des Referates Denkmalpflege beim Regierungspräsidium Tübingen, zog ein erstes Resümee der siebenjährigen archäologischen Erforschung des Bergplateaus.
Schon immer habe man angenommen, dass sich auf dem Ennetacher Berg einst ein Römerkastell befand. Zahlreiche Scherbenfunde deuteten darauf hin, und auch der Ennetacher Josef Späth hat in seiner Schrift über die Römer in Ennetach diesen Schluss gezogen. Doch einen Beweis gab es nicht. Erste geophysikalische Messungen zeigten dann, dass in der Ostspitze des Berges tatsächlich Doppelgrabensysteme liegen. Die 1998 dann begonnenen archäologischen Grabungen brachten Überraschendes zu Tage. Nicht erst durch die Römer, sondern schon viel früher war dieses strategisch wichtige Bergplateau besiedelt worden. Bereits in der späten Bronzezeit im 13./12. Jahrhundert vor Christus wurde im Ostteil des Berges eine Siedlung angelegt. Sie diente der Überwachung und Kontrolle der Donauübergänge sowie des Ablachtales, das eine wichtige Handelsachse nach Süden war.

---

[70] Vgl. Meyr 49-53; Archäologische Informationen 40 (hrsg. vom Landesdenkmalamt Baden-Württemberg), 79 ff.; Späth 23-29.

Zieht man eine Verbindung zu den Funden herrschaftlicher Gräber aus dieser Zeit am Ostrand von Mengen, so darf man die Burg dieser im Tal bestatteten Aristokraten auf dem Ennetacher Berg vermuten. Im ausgehenden 7. Jahrhundert v. Christus, also 500 Jahre später, waren es die Kelten, die die verkehrsgeographisch optimale Lage des Berges ausnutzten. Es entstand ein Vorposten der frühkeltischen Heuneburg, und diese Höhensiedlung wurde durch Brand zerstört, als auch der Fürstensitz auf der Heuneburg, vermutlich durch politische Umwälzungen, zerstört wurde. Lange Zeit war es dann still auf dem Berg, bis dann zum dritten Mal Menschen, dieses Mal die Römer, sich hier ansiedelten. Die Forscher aus Tübingen konnten das Römerkastell von Ennetach nachweisen.

Die Funde belegen, dass das Militärlager gegen 40/45 nach Christus angelegt wurde, zunächst als eine relativ kleine Garnison, die dann später ausgebaut wurde und bis Anfang der 80er-Jahre bestand. Es konnten verschiedene Grabensysteme sowie eine mächtige Toranlage nachgewiesen werden. Es gab offenbar Holz-Erde-Mauern, allerdings keine Steinbauten. Die Fundstücke aus den Grabungen zeigen, dass hier wohl berittene Spezialeinheiten stationiert waren, deren Hauptaufgabe die Sicherung und Überwachung der Handelsstraßen und der Donaupassagen war. Auffallend ist, dass das Ennetacher Kastell nicht die sonst übliche rechteckige Form hat, sondern sich der natürlichen Form des Bergplateaus anpasst.

Die Funde, von denen Professor Reim einige demonstrierte, sind außerdem zum Teil auffallend wertvoll und wurden aus Italien importiert. Farbiges, man könnte sagen frühes „Murano-Glas", wurde gefunden oder zum Beispiel der delfinreitende Amor, der zu einem Bronzegefäß gehörte und der normalerweise im Römermuseum zu sehen ist. Derzeit wurde er allerdings an die Landesausstellung „Imperium Romanum" in Stuttgart verliehen.

Die Ausgrabungen auf dem Berg sind vorerst nun einmal beendet. Die Erkenntnisse und Funde müssen nun ausgewertet werden. Vom wissenschaftlichen Ertrag her, so Professor Reim, war die Erforschung des Ennetacher Berges eine wichtige Sache. Es empfehlen sich seines Erachtens auf jeden Fall weitere geophysikalische Messungen auf dem noch unerforschten Südteil des Berges. Die Fundstü-

cke werden nach ihrer Auswertung sukzessive im Römermuseum ausgestellt werden. Den archäologischen Wanderweg auf dem Berg solle man unbedingt erhalten und vor allem pflegen, so sein Rat an die Gemeinde und die Stadt Mengen.

Die Fundstücke sind einerseits militärische Ausrüstungsgegenstände (z.B. ein Dolchgriff aus Eisen), andererseits zivile Hinterlassenschaften, die größtenteils aus dem Straßenvicus stammen. In ihrer Gesamtheit illustrieren sie die Vielfalt der römischen Kultur und machen zudem sichtbar, dass der römische Alltag und unser modernes Leben gar nicht so verschieden sind. So ist z.B. das im Zweiten Weltkrieg verschollene, 2003 wiederentdeckte Fußbodenmosaik mit dem Kopf der Medusa[71] (Abb. 17) ein beeindruckendes Zeugnis der Mosaikkunst, die seit jeher die Menschen begeistert. In einem Bereich jedoch waren die Römer aufgrund ihres Selbstverständnisses „sorgfältiger", als wir es sind: in der Religion. Deren archäologische Zeugnisse sind auch in kleinen Siedlungen zahlreich und geben in vielen Fällen dank der Inschriften den Namen des Weihenden und der Gottheit an. In Mengen-Ennetach wurden bislang folgende Funde mit religiöser Bedeutung gemacht[72]:

1. **Bronzestatuette eines Amor**, der auf einem Delfin reitet. Möglicherweise gehörte das Stück zu einem Dreifuß oder diente als Aufsatz auf ein Gefäß (Abb. 18).
2. **Bleiernes Täfelchen mit geritzter Inschrift**. Wahrscheinlich handelt es sich um ein Fluchtäfelchen (Abb. 19). Durch eine eingeritzte Verfluchung sollte ein Gegner ausgeschaltet oder den Unterweltsgöttern überantwortet werden.

[71] Vgl. Ov. met. 4,779 ff.
[72] Vgl. Archäologische Informationen 40 (hrsg. vom Landesdenkmalamt Baden-Württemberg), 86 ff.; HS 41 ff.; Meyr 102 f.; Späth 40 ff.

3. **Weiherelief an den Gott Merkur** (Abb. 20)
   CIL III Suppl. 11897a; HS 42 f. Nr. 12.
   FO 1876 am Osthang zur Ablach; spätes 2./frühes 3. Jahrhundert.
   Original: Württembergisches Landesmuseum Stuttgart.
   Der Gott ist mit Mantel (*chlamys*), Heroldstab (*caduceus*) und Geldbeutel (*marsupium*) dargestellt. Zu seinen Füßen sind die Begleittiere Ziegenbock und Hahn abgebildet. Die Basis trägt die Inschrift:

IN HO(norem) D(omus) D(ivinae)

   Übersetzung: Zu Ehren des göttlichen Hauses.
4. **Weihestein an den gallorömischen Gott Apollo Grannus** (Abb. 21)
   CIL III Suppl. 11891; HS 41 Nr. 10.
   FO um 1811 auf dem Hipfelsberg.
   Original: Ulmer Museum.
   Der Heilgott war eine lokale Schutzgottheit und besaß in Faimingen bei Lauingen/Rätien ein Quellheiligtum, wo er zusammen mit den Nymphen verehrt wurde. Möglicherweise gab es auch in Ennetach ein solches Heiligtum. Der Altar trägt die Inschrift:

APOLLINI / GRANNO / ET NIMPH/IS C(aius) VIDIVS / IVLIVS PRO / SE ET SVIS / V(otum) S(olvit) L(ibens) L(aetus) M(erito)

   Übersetzung: Dem Apollo Grannus und den Nymphen hat Gaius Vidius Julius für sich und die Seinen sein Gelübde gerne, freudig und nach Gebühr eingelöst.
5. **Weihestein an den Donaugott Danuvius** (Abb. 22)
   CIL III Suppl. 11894; HS 44 Nr. 14.
   FO 1877 oberhalb der Donaubrücke bei Blochingen.
   Original: Württembergisches Landesmuseum Stuttgart.

Die Oberfläche des Steins ist stark verwittert, die Inschrift aber trotz ungesicherter Stellen zu lesen:

ARAM / DANVVIO / QVERAN/VS [oder Q(uintus) VERAN(i)/VS] L(ibens) L(aetus) M(erito) / VO(tum) S(olvit)

Übersetzung: Den Altar (hat) Quintus Veranius (?) dem Donaugott (errichtet). Er hat sein Gelübde gerne, freudig und nach Gebühr eingelöst.

Abb. 17: Medusa-Mosaik

Abb. 18: Bronzestatuette eines delfinreitenden Amor

Abb. 19: Römisches Fluchtäfelchen

Abb. 20: Weiherelief an den Gott Merkur

Abb. 21: Weihestein an den gallorömischen Gott Apollo Grannus

Abb. 22: Weihestein an den Donaugott Danuvius

2.2 Das Kastell in Rißtissen

Zu den besterforschten Kastellen am Donaulimes gehört auch das Auxiliarkastell Rißtissen/*Riusiava*(?)[73]. Wie in Ennetach wurden im 19. Jahrhundert erste Grabungen durchgeführt. 1912 entdeckte G. Burkhardt die Kastellgräben. Der Ausbruch des Ersten Weltkrieges verhinderte weitere geplante Untersuchungen und im Zweiten Weltkrieg gingen wichtige Originalpläne der Grabungen verloren. Die jüngere Forschung konnte für das Kastell Rißtissen drei Bauphasen nachweisen: Die Gründung des Kastells fällt in die claudische Zeit (um 45/50 n. Chr.). Nach einer teilweisen Zerstörung durch eine Brandkatastrophe im Jahr 69/70 n. Chr., die im Zusammenhang mit den durch Neros Tod ausgelösten Thronwirren stehen dürfte, baute man das Kastell nur kurze Zeit später wieder auf und errichtete um 80 n. Chr. ein steinernes Stabsgebäude. Im Mittelbereich des Lagers entstand während der dritten Bauphase (100-110 n. Chr.) ein steinernes Magazingebäude. Um das etwa 500 Soldaten fassende und knapp 2 ha große Lager herum erstreckte sich ein Lagerdorf. Aus der Nachfolgesiedlung stammen sieben beim Abbruch der älteren Pfarrkirche gefundene Steindenkmäler, die von dem Dekan Johann Vanotti (1777-1847) veröffentlicht wurden (vgl. HS 50-57). Diese sind heute an der Außenwand der Kirche (Abb. 26) eingemauert:

1. Bruchstück einer Bauinschrift an der Nordseite der Kirche: I N [*H(onorem) D(omus) D(ivinae)*]
2. Zwei Eroten an der Nordseite der Kirche
3. Die mythologische Szene *Herakles raubt den heiligen Dreifuß in Delphi* an der Nordseite der Kirche
4. Eine Kampfszene (Kampf der Lapithen und Centauren?) an der Südseite der Kirche

[73] Vgl. Ulbert 7 ff.; RBW 272 ff.; Kemkes, Ehingen-Rißtissen, 65 ff.

5. Folgende Weihinschrift für Jupiter und Danuvius (CIL III 5863; HS 50 Nr. 18) an der Südseite der Kirche:

IN H(onorem) D(omus) D(ivinae) / I(ovi) O(ptimo) M(aximo) ET DANV/VIO EX VOT/O PRIMANVS / SECVNDI (filius) V(otum) S(olvit) L(ibens) L(aetus) / MVCIANO ET FABI[ANO COS]

   Übersetzung: Zu Ehren des göttlichen Hauses hat Jupiter, dem Besten und Größten, und Danuvius nach einem Gelübde Primanus, Sohn des Secundus, (den Weihestein aufstellen lassen und damit) sein Gelübde gerne und freudig eingelöst, im Konsulatsjahr des Mucianus und Fabianus (201 n. Chr.).
6. Zwei Darstellungen an der NW-Ecke der Kirche
   a) Zwei geflügelte Eroten? (Abb. 25)
   b) Eine mythologische Szene: *Verwandlung der Daphne*[74]? (Abb. 23)
7. Die Szene *Heimkehr von der Jagd* an der SW-Ecke der Kirche (Abb. 24)

[74] Vgl. Ov. met. 1,452-567.

Abb. 23: Steindenkmal an der NW-Ecke der Kirche in Rißtissen: Verwandlung der Daphne?

Abb. 24: Steindenkmal an der SW-Ecke der Kirche in Rißtissen: Heimkehr von der Jagd

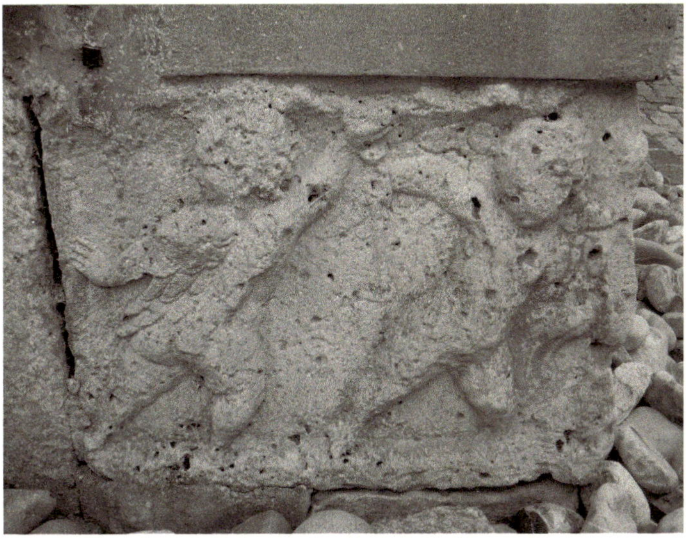

Abb. 25: Steindenkmal an der NW-Ecke der Kirche in Rißtissen: Zwei geflügelte Eroten?

Abb. 26: Katholische Pfarrkirche St. Pankratius und Dorothea Rißtissen

3. Die Römer am Neckar

3.1 Das römische Rottweil (Arae Flaviae)

Heute gilt es als gesichert, dass die antike Ansiedlung *Arae Flaviae* im Bereich von Rottweil lag. Ein 1950 dort gefundenes Schreibtäfelchen (Abb. 27) mit dem Vermerk *actum municipio Aris* („verhandelt in der Stadt *Arae*") beendete die Diskussionen um ihre Lokalisierung[75] und bezeugt zudem das Stadtrecht im Rang eines Municipiums. Die Geschichte der Ausgrabungen in Rottweil hat Dieter Planck in seiner Dissertation *Arae Flaviae I. Neue Untersuchungen zur Geschichte des römischen Rottweil I* (S. 13-23) zusammengestellt[76]:

1516	Erste Funde (römische Münzen?) in Rottweil
1784	Erste Ausgrabungen von Johann Baptist Hofer
1831	Gründung des Vereins zur Aufsuchung von Altertümern unter Leitung von Friedrich von Alberti
1834	Freilegung des Orpheusmosaiks südlich des Hofgutes Hochmauren westlich der Flavierstraße
1884-1894	Ausgrabungen von Oskar Hölder
1902	Einstellung der Grabungen in Rottweil
1906	Vertrag zwischen der Römisch-Germanischen Kommission des Deutschen Archäologischen Institutes, dem damaligen Königlichen Württembergischen Landeskonservatorium und dem Rottweiler Altertumsverein mit dem Ziel, die Grabungen wiederaufzunehmen

[75] Vgl. Filtzinger, Arae Flaviae, 29 ff.
[76] Vgl. Filtzinger, Arae Flaviae, 34-38.

Ab 1906 Neuanfang der Ausgrabungen in Rottweil. Grabungsleiter sind Peter Goessler, 1967-1971 Dieter Planck, 1974-1983 Alfred Rüsch.

Unter Vespasian wurden zur Erschließung der *decumates agri* mehrere Kastelle am Neckar angelegt. Nach dem Abzug des Militärs entstanden rechts und links des Neckars römische Siedlungen. Als der politische Schwerpunkt nach Mainz/*Mogontiacum* verlagert wurde, verlor das offenbar schon unter Domitian gegründete Municipium *Arae Flaviae*[77] zwar an Bedeutung, blieb aber mit großer Wahrscheinlichkeit ein wichtiger Straßenknotenpunkt am oberen Neckar[78]. Für jeden, der Interesse an der Geschichte des römischen Rottweil zeigt, lohnt sich ein Besuch des Dominikanermuseums. Rekonstruktionen, aber auch Modelle, Grafiken und natürlich viele römische Funde wie z.B. ein *labrum* (Wasserbecken; Abb. 29), das zu einer Badeanlage gehörte (Abb. 30), werden in didaktisch vorbildlicher Weise präsentiert. Sehenswert ist vor allem der Mosaikraum, in dem ein Geländemodell des Municipiums *Arae Flaviae* und das am besten erhaltene Mosaik Baden-Württembergs ausgestellt sind: Das 1834 gefundene Orpheusmosaik (Abb. 31) zeigt Orpheus[79] als Sänger mit phrygischer Mütze, Kithara und lauschenden Tieren, eingebettet in einen Rahmen von Zirkusszenen.

---

[77] Vgl. Spickermann, Germania Superior, 37; Wilmanns 153 ff. hält die Gründung für trajanisch.

[78] Spickermann, Germania Superior, 197 f.

[79] Vgl. Ov. met. 10,1-77.

Abb. 27: Schematische Rekonstruktion des Schreibtäfelchens von Rottweil/*Arae Flaviae*

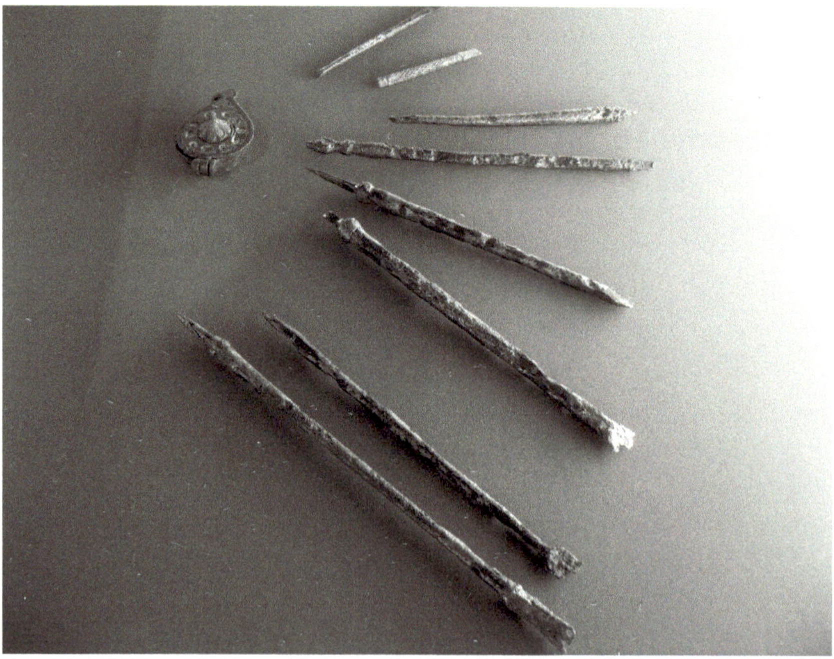

Abb. 28: Römische Schreibgriffel

Abb. 29: *Labrum*/Wasserbecken von Rottweil/*Arae Flaviae*

Abb. 30: Rekonstruktionszeichnung: Römischer Badebetrieb

Abb. 31: Orpheusmosaik von Rottweil/*Arae Flaviae*

Die Rottweiler Augenarztstempel (auch Okulistenstempel genannt) sind ein hervorragend erhaltenes Beispiel der materiellen Hinterlassenschaften römischer Ärzte. Es handelt sich um kleine Plättchen von quadratischer oder rechteckiger Form, deren Ränder zum Stempeln von Augensalben benutzt wurden. Die Inschriften der Stempel geben den Namen des Arztes, die Krankheiten und die Heilmittel (Salben) an[80]:

1. *Honesti Lautini dial/epid(os) ad aspritudine(m)*
2. *Honesti Lautini dia/misus ad veter(es) cicatri(ces)*
3. *Honesti Lautini dial/banum ad impet(us) lippit(udinis)*
4. *Honesti Lautini di/agesam(ias) ad suppurat(iones)*

[80] HS 691 f. Nr. 622. Vgl. Filtzinger, Arae Flaviae, 111 f.; Matthäus 44 f.

Übersetzung:
Des Honestus Lautinus
1. Hammerschlagsalbe gegen Trachom
2. Vitriolsalbe gegen alte Hornhautnarben
3. Weihrauchsalbe gegen Bindehautentzündung
4. Salbe aus samischer Erde gegen Hornhauteiterung

Dass im Leben der Römer der Totenkult eine wichtige Rolle spielte, bezeugt die große Zahl (etwa 550) der in Rottweil freigelegten Gräber. Da man in Rom und den Provinzen des Römischen Reiches den Rechtsgrundsatz befolgte, Tote nur außerhalb der Siedlungen zu bestatten[81], wurden die Friedhöfe auch in *Arae Flaviae* entlang den Ausfallstraßen angelegt[82]:

1. Im Bereich der Flur „Auf der Lehr“ an der Straße nach Rottenburg/*Sumelocenna*
2. In Flur „Kapellenösch“ an der Straße nach Windisch/*Vindonissa*
3. Links des Neckars in der Dammstraße Richtung Straßburg/*Argentorate*

Die Bestattung der Toten war für die nächsten Angehörigen eine heilige Pflicht. Während man arme Leute gleich am Tage ihres Todes beisetzte, wurde bei aufwendigeren Begräbnissen der mit wohlriechenden Salben behandelte Leichnam einige Tage in festlicher Tracht im Atrium des Hauses aufgebahrt. Weit verbreitet war die griechische Sitte, dem Toten eine Münze als Fährgeld für Charon[83] unter die Zunge zu legen. Statt Todesanzeigen verkündete ein Herold den bevorstehenden Leichenzug. Am Tage des Begräbnisses bewegte sich ein langer Zug von Trauernden aus der Stadt (Abb. 32), darunter Musikanten und Klagefrauen. Den

[81] Vgl. Fasold 11.
[82] Vgl. Filtzinger, Arae Flaviae, 121.
[83] Vgl. Verg. Aen. 6,298-316.

Abb. 32: Rekonstruktionszeichnung: Römischer Leichenzug

Abb. 33: Rekonstruktionszeichnung: Römische Brandbestattung

Großteil der Rottweiler Gräber machen die Brandschüttungs- und Urnengräber aus. Bei diesen Begräbnisarten wurden nach dem Verbrennen der Toten auf dem öffentlichen Verbrennungsplatz (*ustrina*) die Reste entweder in die Grabgrube geschüttet oder in einer Urne gesammelt. Aber auch sogenannte Bustumgräber lassen sich nachweisen: Hier äscherte man die Toten direkt über der Grabgrube ein (Abb. 33).

Am Südostrand der Stadt zwischen Neckar und Prim liegt der Tempelbezirk (Abb. 38). Bislang konnten die Fundamente von drei gallorömischen Umgangstempeln freigelegt werden. Der gallorömische Tempeltyp (Abb. 35), der in Britannien, den gallischen und germanischen Provinzen dominiert, unterscheidet sich in seiner gesamten Architektur vom römischen Podiumstempel[84] (Abb. 34). Kennzeichnend ist das doppelte Mauerviereck; das säulengetragene Pultdach der umlaufenden Galerie schließt sich an die Wände der turmartigen *cella* an, die meistens mit einem Giebeldach versehen ist. Leider wissen wir nichts über die im römischen Rottweil verehrten Götter, da die Inschriften bzw. Kultbilder fehlen und auch die „Flavischen Altäre" (*Arae Flaviae*), die möglicherweise mit diesen Tempeln zusammenhingen und der antiken Ansiedlung einen aussagekräftigen Namen gaben, archäologisch (noch) nicht nachgewiesen wurden[85].

[84] Charakteristisch für den römischen Podiumstempel ist das erhöhte Podium mit einer zum Eingang hinaufführenden Treppenanlage. Die Podiumstempel wurden nur an bedeutenden Plätzen wie z.B. am Forum errichtet. In Germanien lassen sie sich primär in den *coloniae* nachweisen. Vgl. dazu Trunk, Römische Tempel in den Rhein- und westlichen Donauprovinzen. Augst 1991.

[85] Vgl. Filtzinger, Arae Flaviae, 86; Spickermann, Germania Superior, 198 f.; Rüsch 53.

Abb. 34: Nîmes: Maison Carrée (römischer Podiumstempel)

Abb. 35: Rekonstruktionszeichnung: Gallorömischer Umgangstempel

Abb. 36: *Cella* eines gallorömischen Tempels

Abb. 37: Gallorömischer Tempelbezirk von Kempten/*Cambodunum*

Welche Funktion hatten die „Flavischen Altäre"? Lassen wir zunächst den Frankfurter Historiker Manfred Clauss zu Wort kommen. In der Einleitung (S. 17) seiner in der Fachwelt nicht unumstrittenen Studie *Kaiser und Gott*[86] (1999/Nachdruck 2001) schreibt er:

„Der römische Kaiser war Gottheit. Er war dies von Anfang an, seit Caesar und Augustus, er war es zu Lebzeiten, er war es auch im Westen des römischen Reiches, in Italien, in Rom [...]. Ferner gilt es immer noch gegen das Vorurteil der Forschung anzukämpfen, die für den Westen gelegentlich Vorbehalte gegenüber dem Phänomen der Göttlichkeit des lebenden Kaisers erkennen läßt. Im Osten, so heißt es meist, sei dies zwar längst üblich, im Westen aber eben anders gewesen. Sicherlich war die Vorstellung vom Kaiser als Gottheit abhängig von lokalen Bedingungen, hatte die Vergöttlichung eines lebenden Menschen im hellenistischen Osten eine längere Tradition als in dem später hellenisierten Westen, aber auch dort ist sie nachweisbar."

Aus dieser Textpassage wird ersichtlich, dass die römischen Kaiser „gemachte Götter" waren. Sie wurden im ganzen Reich verehrt. Die Herrscherverehrung nahm durch die Errichtung von Altären eine kultische Form an. Der Kaiserkult als Reichsreligion war ein effektives Mittel der Romanisierung der hinzugewonnenen Provinzen, bei dem die religiöse Komponente gegenüber der staatspolitischen zurücktrat. Folgende zwei Zentren des Kaiserkultes in den Provinzen nördlich der Alpen aus augusteischer Zeit geben Anhaltspunkte für die Deutung der „Flavischen Altäre":

---

[86] Andere Standardwerke zu diesem Thema sind z.B.: Taeger, Charisma. 2 Bde. Stuttgart 1957/1960; Wlosok (Hrsg.), Römischer Kaiserkult. Darmstadt 1978; Herz, Bibliographie zum römischen Kaiserkult (1955-1975); Herz, Der römische Kaiser und der Kaiserkult (1988); Zeller (Hrsg.), Menschwerdung Gottes. Freiburg/Schweiz 1988; Cancik/Hitzl (Hrsg.), Die Praxis der Herrscherverehrung in Rom und seinen Provinzen. Tübingen 2003; Fishwick, The Imperial Cult in the Latin West. 4 Bde. Leiden 1987-1992; vgl. auch Liertz, Kult und Kaiser. Rom 1998.

1. Die *Ara Romae et Augusto* in Lyon/*Lugdunum* für die drei gallischen Provinzen (*Lugdunensis*, *Aquitania*, *Belgica*).
2. Die *Ara Ubiorum* im *Oppidum Ubiorum* für die *provincia Germania magna* bis zur Elbe[87].

Am 1. August 12 v. Chr. weihte Drusus den Altar, einen rechteckigen Bau mit Siegesgöttinnen und kaiserlichen Insignien, in *Lugdunum* ein und eröffnete den ersten Provinziallandtag von Gallien, zu dem die Abgeordneten der 60 (oder 64) gallischen *civitates* anreisten. Zur Ehrung des regierenden Kaisers leiteten die angesehensten Männer die Feier, ein *Magister sacrorum augustalium* oder ein *Flamen Romae et Augusti* oder *Flamen Augusti*. Tacitus (ann. 1,57) berichtet von einem außergewöhnlichen Vorfall an der *Ara Ubiorum* im Jahr der Varus-Katastrophe:

„[...] Beigegeben hatte Segestes den Gesandten seinen Sohn namens Segimundus. Aber der junge Mann war aus Schuldbewusstsein noch unschlüssig. Denn in dem Jahr, in dem Germanien abfiel, zum Priester am Altar der Ubier erwählt, hatte er seine Priesterbinden zerrissen und war zu den Aufständischen geflohen.“

Nach dem jetzigen Stand der archäologischen Forschung darf man davon ausgehen, dass auch in *Arae Flaviae* ein größeres Kaiserkultzentrum im Bereich des Forums errichtet wurde. Ob es regionale oder als provinziales Zentrum sogar überregionale Bedeutung besaß, ist nicht zweifelsfrei zu entscheiden[88].

---

[87] Vgl. Filtzinger, Arae Flaviae, 86 f.; Deininger 22 ff.

[88] Vgl. Liertz 61 f.; Planck, Arae Flaviae, 222-224; Goessler, Arae Flaviae, 21 f.; Klee 95-98; Spickermann, Germania Superior, 525 f.; Schmidts 126 f.

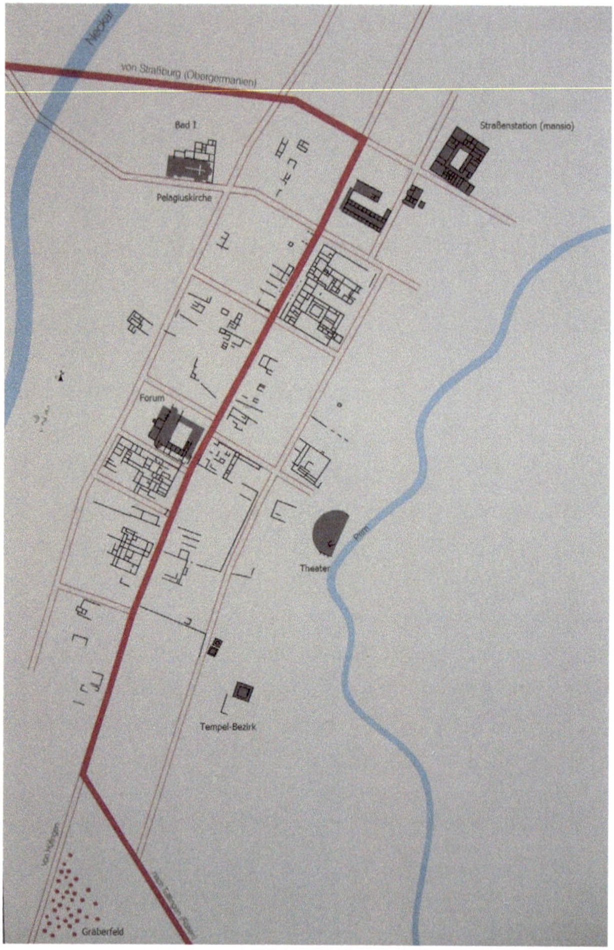

Abb. 38: Rekonstruierter Stadtplan des römischen Rottweil (*Arae Flaviae*)

3.2 Das römische Rottenburg (Sumelocenna)

Salve, solum genitale,
vetus oppidum rurale
super Nicrum positum!
Tibi nuntians salutem
et in meam iuventutem
molli corde memor sum.

Gruß und Glück dir, Heimatboden,
der du mich an Licht geboren,
kleine alte Neckarstadt!
Dein gedenkend geht das Herz mir
in Erinnerung an die Jugend,
die du mir geschenkt hast, auf.

Tibi non est amplitudo,
compensante tamen ludo
fors fortuna statuit,
ut vetusta dignitate
nusquam tibi long et late
urbs aequalis ulla sit.

Was dir fehlt an Glanz und Größe
gab in spielerischer Laune
dir zum Ausgleich das Geschick:
kommt doch weit und breit im Lande
keine aller andern Städte
dir an Alterswürde gleich.

Te vel Romae comparare
licet; si rogatis quare?
vobis dicam insciis:
legite, quod scriptumst apud
veteres, qui mundi caput
ornavere laureis:

Selbst mit Rom dich zu vergleichen,
ist dem Kundigen gestattet,
und den Fremden sei gesagt:
Leset nach, was bei den Alten,
die das Haupt der Welt bekränzten,
schwarz auf weiß geschrieben steht:

Constitutam esse namque
urbem pristinam utramque
tradunt a latronibus,
et quod Romae non indignum,
est nobilitatis signum
neque tibi didecus.

Räuber haben beide Städte
lang vor unsrer Zeit gegründet,
wie es in der Sage heißt;
und was Roms erlauchten Namen
nicht geschändet ist ein Zeichen
alten Adels auch für dich.

Haec et illa novit aeque
nec aetatem suam neque
saeculum originis.
Ipsa perspicax Sibylla
nesquit, quando haec et illa
orta sit ex tenebris.

Beiden Orten ist ihr Alter,
beiden ihr Geburtsjahrhundert
fabelhaft und ungewiss.
Selbst die Seherin Sibylle
weiß es nicht, wann du und jene
aus dem Dunkel tratst ans Licht.

Sed postremum argumentum
aequat aliorum centum:
parva Nicri civitas
est Romanis muris cincta

Mag der letzte der Beweise
hier für hundert andre gelten,
kleine alte Neckarstadt:
fiel auch deine Römermauer,

et Latinitate tincta
formas per catholicas.

Sic per saecla nulla hora
lingua Romuli canora
apud nos conticuit.
Veniebant, ibant anni,
Galli, Franci, Alamanni –
lingua non praeteriit.

Multum salve simulacrum
immortalitatis sacrum,
te Creator protegat!
Vbi mens Latinitatis
etiam humanitatis
virtus semper habitat.

blieben doch die Römerlaute
in katholischer Gestalt.

Roms metallisch schöne Sprache
in dir zu keiner Stunde
bis auf diesen Tag verstummt;
Völker sahst du gehn und kommen,
Kelten, Franken, Alamannen –
jener Klang verwehte nie.

Sei gegrüßt, beglückt, du Sinnbild
unvergänglich kräftigen Lebens,
Gott sei weiterhin mit dir!
Wo Latein als Wesen waltet,
fühlt sich immer auch der gute
Geist der Menschlichkeit zuhaus.

Josef Eberle (1901-1986)[89]

Seit 1992 ist die Stadt Rottenburg am Neckar um einen kulturellen Anziehungspunkt reicher: Für jeden, der sich nach einem Bummel durch die „kleine alte Neckarstadt“ über ihr römisches Vermächtnis informieren will, lohnt sich ein Besuch des Sumelocenna-Museums. Die Erforschung des antiken Rottenburg begann bereits im 16. Jahrhundert[90]. Erste Ausgrabungen führte der Stadtpfarrer, Generalvikariatsrat und Domdekan Franz Ignaz von Jaumann (1778-1862) am Anfang des 19. Jahrhunderts durch. Fortgesetzt wurden die archäologischen Arbeiten von dem Rottenburger Arzt Franz Paradeis (1860-1936)[91], dem es 1920 gelang, die römische Stadtmauer zu lokalisieren. 1929 leitete Oscar Paret (1889-1972) die Untersuchungen und fasste mit seiner Veröffentli-

---

[89] Josef Eberle, Sumelocenna in: Rottenburg am Neckar. Bilder einer Stadt. Herausgegeben von der Stadt Rottenburg am Neckar. Weißenhorn 1974. Vgl. Heiligmann 109 f.
[90] Vgl. Heiligmann 13-19.
[91] Vgl. dazu Gaubatz, Der Arzt Dr. Franz Paradeis.

chung *Das Kastell Rottenburg*[92] (1936) die bisherigen Entdeckungen zusammen. Siegwalt Schiek hat sich nach dem Zweiten Weltkrieg um die Erforschung des römischen Rottenburg verdient gemacht, seit 1980 ebenso Anita Gaubatz-Sattler im Auftrag der Landesregierung. Dank einer überlieferten Bauinschrift sind wir nicht nur über den Namen der Siedlung, sondern auch über deren Rechtsstellung informiert (CIL XIII 6365; HS 227 Nr. 117; FO 1850 im „Graibel“ am Weg nach Weggental):

IN HONOREM / DOMVS DIVIN(ae) / EX DECRETO ORDINIS / SALTVS SVMELOCENNEN/SIS CVRAM AGENTIB(us) / IVL(io) DEXTRO ET G(aio) TVRRAN(io) / MARCIANO (VICI?) MAG(istris)

Abb. 39: Römische Bauinschrift von Rottenburg/*Sumelocenna*

[92] Vgl. Paradeis 30 f.; Heiligmann 14.

Übersetzung: Zu Ehren des göttlichen Hauses auf Beschluss des Bezirksrates der kaiserlichen Domäne von Sumelocenna, unter Leitung des Julius Dexter und des Gaius Turranius Marcianus, der Vorsteher des Ortes.
Spätestens während der Regierungszeit des Kaisers Trajan (98-117 n. Chr.) erhielt das antike *Sumelocenna* den Verwaltungsstatus einer kaiserlichen Domäne (*saltus*)[93]. Solche Domänen wurden von einem kaiserlichen Beamten (*procurator*) geleitet und im Regelfall einem Pächter (*conductor*) übergeben. Um die Mitte des 2. Jahrhunderts n. Chr. entwickelte sich *Sumelocenna* zum Hauptort (*vicus*) einer gleichnamigen *civitas*, die wahrscheinlich das gesamte mittlere Neckargebiet umfasste. Gemessen an der reichen Geschichte können wir uns kaum ein Bild von der Architektur des römischen Rottenburg machen, da die mittelalterliche Stadt die Ruinen überdeckt. Bislang konnten nur wenige öffentliche Bauten ausgegraben werden. Neben den freigelegten Gebäudeteilen, wie z.B. der 32 m langen Toilettenanlage (Abb. 40), beeindrucken vor allem die Weihedenkmäler, die Aufschluss über die in unserem Untersuchungsraum verehrten Gottheiten geben:

I(ovi) O(ptimo) M(aximo) / AL(a) VALLE/NSIVM / POSVE/RVNT / EX VOTO / L(aeti) L(ibentes) M(erito)

Übersetzung: Dem besten und größten Jupiter hat das Reiterregiment der Walliser (diesen Stein) gesetzt. Nach einem Gelübde freudig, gerne und nach Gebühr.
Dieser Votivstein (CIL XIII 6361; HS 232 Nr. 121), der auch Auskunft über die militärische Besetzung des Ortes gibt (mit großer Wahrscheinlichkeit wurde unter Domitian ein Kastell angelegt), wurde „beim Bau des Polizeihauses hinter dem alten Schloss gefunden“ (HS 233) und 1843 nach Stuttgart gebracht. Ein anderer Stein (CIL XIII 6359; HS 234 Nr. 124),

[93] Vgl. Heiligmann 31 f.; Liertz 62 f.; Spickermann, Die germanischen Provinzen, 33 f.

1851/52 zwischen den Straßen nach Wurmlingen und Sülchen entdeckt, ist Herecura geweiht, einer Fruchtbarkeitsgöttin und Göttin der Toten:

OTACILIA / MATRONA / HERECVR(a)E / V(otum) S(olvit) L(aeta) L(ibens) M(erito)

Übersetzung: Otacilia Matrona hat der Herecura ihr Gelübde freudig, gerne und nach Gebühr eingelöst.

Abb. 40: Römische Latrine von Rottenburg/*Sumelocenna*

Abb. 41: Rekonstruktionszeichnung: Römischer „Latrinenbetrieb"

Der am meisten verehrte Gott im Neckargebiet ist Jupiter. Ihm sind insbesondere hoch gebaute Denkmäler, die sogenannten Jupiter(giganten)säulen (Abb. 42), geweiht. Das Vorbild für die in Germanien nachgewiesenen Säulen[94] dürfte die Große Mainzer Jupitersäule gewesen sein, die man um 60 n. Chr. unter Nero errichtete. Diese wiederum hatte ihr Vorbild in einer Jupitersäule, die im Jahre 63 v. Chr. auf dem Kapitol in Rom aufgestellt wurde. Darüber berichtet Cicero (Catil. 3,19 ff.):

„Ihr erinnert euch nämlich gewiss noch, dass unter dem Konsulat des Cotta und Torquatus mehrere Stellen auf dem Kapitol vom Blitz getroffen wurden, wobei die Götterbilder zu Boden fielen und die

[94] Vgl. Spickermann, Aspekte einer >neuen< regionalen Religion, 158-160; Bauchhenss 10 f.; Kemkes, Bei allen Göttern, 204.

Standbilder von Männern der Vorzeit umstürzten und die ehernen Gesetzestafeln schmolzen [...]. Deshalb wurden nach ihren Aussprüchen [gemeint sind die Aussprüche der Opferschauer] zehn Tage lang Spiele veranstaltet und man unterließ nichts, was irgendwie zur Versöhnung der Götter beitragen konnte. Zugleich befahlen die Opferschauer, eine größere Jupitersäule anzufertigen, sie emporragend aufzustellen und, umgekehrt als bisher, nach Osten zu richten.“

Die Säulen waren mit einem Kultbild bekrönt, das in der Regel den über die Giganten hinwegreitenden (aber auch den thronenden bzw. stehenden) Jupiter (Abb. 43 und 44) darstellte. Sie ruhten auf einem Viergötterstein (Iuno, Herkules, Merkur, Minerva), über welchem sich ein Zwischensockel mit den Wochengöttern befand. Obwohl Jupiter(giganten)säulen nicht an eine bestimmte Siedlungsform gebunden waren, sprechen die Fundorte und Inschriften dafür, dass die meisten Säulen (z.B. die 1964 in Hausen an der Zaber gefundene Säule) im Bereich von römischen Gutshöfen aufgestellt wurden und als private Weihungen die Finanzkraft des Dedikanten widerspiegelten. Einzelne Segmente und Bruchstücke einer Säule (z.B. Viergötterstein und Wochengötter) konnten 1843 in Rottenburg beim Bau des Kreisgefängnisses ausgegraben werden[95]. Dass in *Sumelocenna* zudem der Kaiserkult existierte, bezeugt eine Inschrift aus dem Jahre 225 n. Chr. (CIL XIII 6366; HS 230 Nr. 119) mit der vorangestellten Formel *in honorem domus divinae*[96]. Aus ihr geht hervor, dass der Dedikant das ehrenvolle Amt eines *Sevir Augustalis* innehatte. Die *Seviri Augustales* waren meistens reiche Bürger und bildeten in Landstädten ein auf ein Jahr gewähltes, aus sechs Männern bestehendes Kollegium. Als Kultfunktionäre sorgten sie für die Organisation und Finanzierung von Opfern und Spielen, aber auch für die Verehrung des Kaisers. Kaiserkult und Jupiterkult reprä-

---

[95] Vgl. HS 244 ff.; Heiligmann 91 f.
[96] Vgl. Liertz 62 f.; HS 230; Spickermann, Germania Superior, 462 f.

sentierten die Staatsreligion, die im Zuge der Ausbreitung des römischen Herrschaftsbereiches fremde Elemente in sich aufgenommen und assimiliert hat:

Abb. 42: Jupitergigantensäule

Abb. 43: Der reitende Jupiter mit Blitzbündel

**Abb. 44: Jupiter als Triumphator.
Er zierte das Kapitell einer Jupitergigantensäule.**

INVICTO / MITRAE / P(ublius) AEL(ius) VOC/CO MIL(es) L(egionis) XXII / P(rimigeniae) P(iae) F(idelis) V(otum) S(olvit) L(aetus) L(ibens) / M(erito)

Übersetzung: Dem unbesiegbaren Mithras hat Publius Aelius Vocco, Soldat der 22. Legion, der erstgeschaffenen, frommen, getreuen, (den Weihestein aufstellen lassen und damit) sein Gelübde freudig, gerne und nach Gebühr eingelöst.

Zum Kult des Gottes Mithras, dem ein Soldat der 22. Legion einen Weihestein in Rottenburg mit der oben zitierten Inschrift (CIL XIII 6362; HS 233 Nr. 122; FO Rottenburg 1881 an der Straße nach Seebronn) aufgestellt hat, versammelte man sich in unterirdisch angelegten Heiligtümern (Mithräen), die auf beiden Seiten des schmalen, lang gestreckten

Hauptraumes oft Steinbänke als Sitz- und Liegestätten für die Kultteilnehmer besaßen. Am vorderen Ende befand sich eine Art Apsis mit dem Kultbild, das den stiertötenden Mithras (Abb. 45) zeigte. Die praktizierten Riten (z.B. Taufe und mystisches Mahl) waren den christlichen Sakramenten sehr ähnlich. Die Gemeinde gliederte sich in sieben Weihegrade: Es gab den Raben, den Bräutigam, den Soldaten, den Löwen, den Perser, den Sonnenläufer und den Vater. An der Spitze der „Väter“ stand der *pater patrum* oder *summus pontifex*. Von den Eingeweihten (Mysten) wurde strengste Geheimhaltung gefordert. Zusätzlich wurden hohe sittliche Ansprüche an sie gestellt. Der Zulassung zu den Mithrasmysterien gingen wie bei anderen Geheimkulten Prüfungen voraus. Der Romanautor Apuleius (2. Jh. n. Chr.) schildert uns die Mysterienriten des Isiskultes, die mit denen des Mithraskultes vergleichbar sind. Lassen wir den Romanhelden Lucius selbst erzählen, welche Erfahrungen er bei seiner Einweihung gemacht hat (Apul. Metam. 11,23; übersetzt von Rudolf Helm):

Abb. 45: Rekonstruiertes Mithrasrelief

„[...] Und schon verlangte es die Zeit, wie der Priester sagte, daß er mich, umgeben von der Schar der Frommen, zum nächsten Bad führt, und nachdem ich zunächst ein gewöhnliches Bad genommen hatte, betet er um der Götter Gnade und reinigt mich dann völlig, mich ringsum mit Wasser besprengend. Dann geleitet er mich wieder zum Tempel zurück – schon waren zwei Drittel des Tages vergangen – und stellt mich unmittelbar der Göttin zu Füßen. Und nachdem er im geheimen mir gewisse Aufträge gegeben hatte, die zu heilig sind, als daß ich sie sagen dürfte, gebietet er mir dies vor allen Zeugen: Ich solle zehn Tage hintereinander den Genuß im Essen einschränken, kein Tierfleisch verzehren und ohne Wein leben. Nachdem ich dies in ehrfurchtsvoller Enthaltsamkeit richtig innegehalten hatte, war schon der Tag da, der mir durch den göttlichen Termin bestimmt war, und die Sonne neigte sich und brachte den Abend herbei. Da, schau! strömen von allen Seiten die Scharen zusammen, nach altem religiösem Brauche mich einzeln mit mannigfachen Geschenken ehrend. Darauf werden alle Ungeweihten weit entfernt, ich werde mit einem leinenen, groben Gewande umhüllt, und der Priester faßt mich bei der Hand und führt mich in das Innere des Heiligtums selber. – Du fragst mich vielleicht recht voller Spannung, eifriger Leser, was dann gesprochen, was getan wurde. Ich würde es dir sagen, wenn ich's sagen dürfte; du würdest es erfahren, wenn du's hören dürftest. Aber gleiche Schuld würden sich die Ohren wie die Zunge zuziehen für diese ruchlose Neugier. Doch will ich dich, der du vielleicht in frommem Verlangen gespannt bist, nicht durch lange Unruhe quälen. Hör also, aber glaub mir, was der Wahrheit entspricht. Ich bin an die Grenze des Todes gekommen und habe die Schwelle der Proserpina betreten, durch alle Elemente bin ich gefahren und dann zurückgekehrt, um Mitternacht habe ich die Sonne in blendend weißem Lichte leuchten sehen, den Göttern droben und drunten bin ich von Angesicht zu Angesicht genaht und habe sie aus nächster Nähe angebetet. Damit habe ich dir berichtet, was du, magst du's auch hören, doch unbedingt nicht verstehen wirst. Also will ich dir berichten, was man allein, ohne eine Sünde zu begehen, den Uneingeweihten zur Kenntnis bringen kann."

Hauptanhaltspunkte für die räumliche und zeitliche Verbreitung der Mithrasreligion geben die Kultdenkmäler. So konnte die neuere Mithras-Forschung[97] durch deren Deutung nachweisen, dass der Kult mit seiner gewaltigen Anziehungskraft im 2./3. Jahrhundert n. Chr. große Teile der Zivilbevölkerung erfasst hatte, auch wenn Frauen davon ausgeschlossen waren. Die früheren Zeugnisse sind dabei dem Militär als Kultträger zu verdanken. In Obergermanien, wo die Zahl der Funde sehr hoch ist, entwickelte sich eine keltische Variante. Wie Ingeborg Huld-Zetsche, Kustodin am Museum für Vor- und Frühgeschichte der Stadt Frankfurt a. M., festgestellt hat[98], ist die gravierendste Eigenart in der *Germania Superior* das zusätzliche Paar *leo/crater*, also die Darstellung von Löwe und Mischkrug unterhalb des Stieres. Die Schlange bewegt sich nicht mehr wie in Rom und im Mittelmeerraum auf die Einstichstelle zu, sondern ringelt sich um den *crater*. Was den Mithrasmythos betrifft, so bricht auch Huld-Zetsche mit der traditionellen Interpretation[99] und schließt sich der astralmythologischen Deutung an, die lange Zeit in Deutschland nicht zur Kenntnis genommen wurde, bis dem amerikanischen Religionshistoriker David Ulansey mit seiner Publikation *The Origins of the Mithraic Mysteries: Cosmology and Salvation in the Ancient World* (1998 in deutscher Sprache erschienen: *Die Ursprünge des Mithraskultes. Kosmologie und Erlösung in der Antike*) der Durchbruch gelang. Seine Interpretation lässt sich wie folgt zusammenfassen: Die Figuren auf dem Kultbild stimmen mit den Sternbildern der Antike überein. Mithras tötet den Stier.

---

[97] Schwertheim, Die Denkmäler orientalischer Gottheiten im römischen Deutschland. Leiden 1974; Clauss, Mithras. Kult und Mysterien. München 1990; Cultores Mithrae. Stuttgart 1992.

[98] Huld-Zetsche, Der Mithraskult im römischen Germanien, 346 ff.; Orientalische Kulte, 241-245; Nida, 50-52; vgl. Hensen 218-220.

[99] Lange Zeit sah man in der Stiertötung (Tauroktonie) einen mystischen Schöpfungsakt: Der Gott stößt ein Messer in die Schulter des Stieres, aus dessen Fleisch und Blut neues Leben hervorgeht.

Die Stiertötung ist ein Symbol für die Beendigung des Stierzeitalters.
Zu den Göttern der Mysterienkulte zählte auch Iupiter Dolichenus, ein mit Jupiter identifizierter orientalischer Himmelsgott. Bilder zeigen ihn auf einem Stierrücken stehend mit Doppelaxt und Blitzbündel, den Wahrzeichen seiner Himmelsherrschaft[100] (Abb. 46). In Rom und den Provinzen gab es Gemeinden, die sich aus einfachen Verehrern, Priesteramtskandidaten und Priestern zusammensetzten. Als 253/256 n. Chr. die persischen Sassaniden die Stadt Doliche im Euphratgebiet dem Erdboden gleichmachten, fand mit der Zerstörung des Hauptheiligtums der Kult des Gottes ein jähes Ende. Welche Anziehungskraft dieser Gott auf das Militär ausübte, belegen Funde in Rätien und Obergermanien: Im Kellerraum unter dem Fahnenheiligtum (*sacellum*) des Kastells Aalen wurde ein vergoldetes Votivblech für Iupiter Dolichenus entdeckt. Aus Pforzheim/*Portus*[101] ist die Weihung eines Legionssoldaten bekannt, aus Köngen/*Grinario*[102] die eines *beneficiarius consularis*[103].
Das Dorf (*vicus*) Köngen/*Grinario* gehörte, wie die eingangs zitierte Bauinschrift[104] (S. 16) bezeugt, zu der *civitas Sumelocennensium*. Es besaß ein Jupiterheiligtum an der Rottenburger Straße (Abb. 47). Mitten auf dem 7 m x 10 m großen Kultplatz, der von einer Mauer umgeben war[105], stand eine Jupitergigantensäule. An der Mauer innen befand sich ein Kultbild des Genius (Abb. 48), einer Schutzgottheit, die nach römischer Auffassung jeder Mensch bei der Geburt erhielt

[100] Vgl. Speidel 7 ff.; Hensen 220-222.
[101] Vgl. Spickermann, Germania Superior, 465.
[102] CIL XIII 6383; HS 311 Nr. 186.
[103] Die Benefiziarier waren von niederen Diensten befreite (*beneficia*) Unteroffiziere. An Straßenstationen (*stationes*), die es in Städten, kaiserlichen Domänen, an Außengrenzen der Provinzen und Verkehrsknotenpunkten gab, waren sie eine Art Verkehrspolizei. Vgl. dazu Ott 85 ff.; Walser 30.
[104] CIL XIII 11727; vgl. HS 304-306.
[105] Vgl. Luik/Reutti 38 ff.

(vgl. lat. *gignere*, „zeugen") und die ihn sein ganzes Leben bis zur Todesstunde begleitete[106]. Der Genius wurde als Schlange oder in Menschengestalt (anthropomorph) dargestellt. Es gab z.B. einen Genius des römischen Volkes (*genius populi Romani)*, einen Genius des Ortes (*genius loci)*, einen Genius des Kaisers (*genius Augusti)* und einen Genius des Hausherrn (*genius domus*; *genius familiae*). Wie Letzterer am Geburtstag kultisch verehrt wurde, beschreibt der augusteische Dichter Tibull (um 50 v. Chr. - 17 n. Chr.) in einem Geburtstagsgedicht (Tib. 1,7,49-54)[107]:

„Komm hierher [Osiris] und feiere den Genius mit Spiel, den Genius mit Reigen und netze reichlich mit reinem Wein seine Schläfen!
Von seinem glänzenden Haar sollen Salben träufeln, und an Kopf und Hals soll er weiche Kränze tragen.
So komm du, heutiger [Gott]! Dir will ich die Ehren des Weihrauchs geben und Kuchen, süß mit attischem Honig, bringen."

[106] Vgl. Leibinger 42-44.
[107] Vgl. die Interpretation von Leibinger 55-63.

Abb. 46: Votivblech für Iupiter Dolichenus

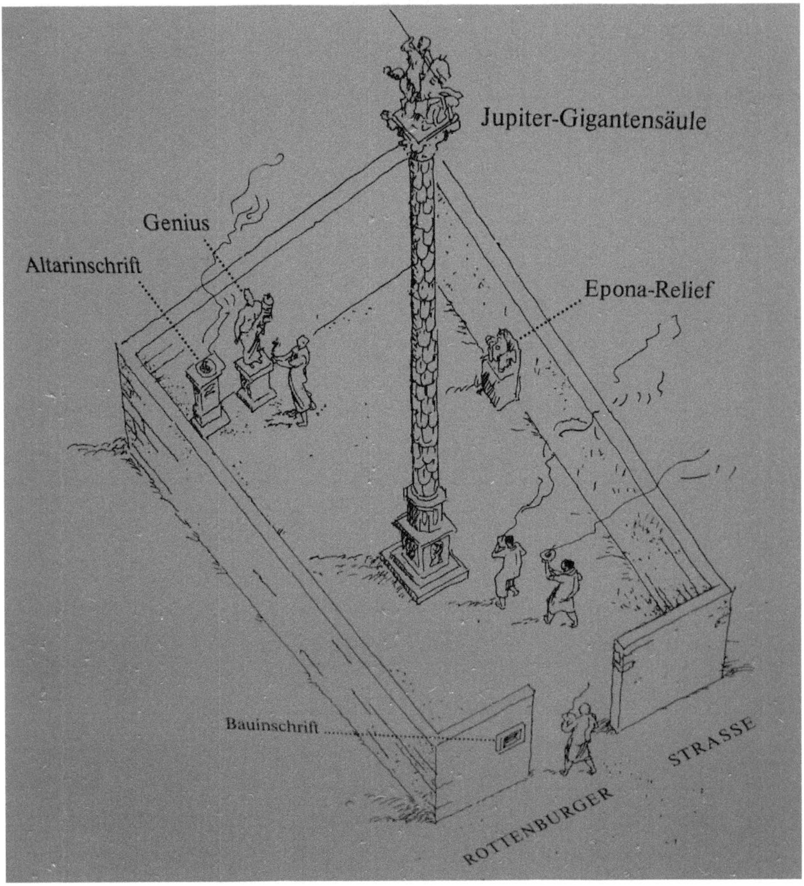

Abb. 47: Rekonstruktionszeichnung: Jupiterheiligtum von Köngen/*Grinario*

Abb. 48: Römische Geniusstatue

Abb. 49: Statue der Pferdegöttin Epona

In diesem Heiligtum stand ferner ein Hochrelief der Epona (Abb. 49), einer keltischen Pferdegöttin (kelt. *Epos*, „Pferd"), deren Kult sich rasch über das Decumatland ausgebreitet hatte. Wie beim Genius variieren auch bei ihr die bildlichen Darstellungen: thronend, reitend, mit Füllhorn und Opferschale. Reitertruppen, Kutscher und Pferdetreiber verehrten sie als Schutzgöttin der Pferde und Maultiere. 1832 wurde in Köngen eine Basis zu einem Weiherelief für Mercurius Visucius und Visucia gefunden, gewidmet von einem Ratsmitglied des Bezirksrates von *Sumelocenna*[108]. In der Zahl der inschriftlichen Zeugnisse im rechtsrheinischen Limesgebiet folgt Mercurius nach I(upiter) O(ptimus) M(aximus) und den

---

[108] CIL XIII 6384; HS 302 f. Nr. 184.

verschiedenen Genien an dritter Stelle[109]. Der Doppelname *Mercurius Visucius* (vgl. *Apollo Grannus* in Ennetach) und die Datierung der Inschrift auf etwa 180-230 n. Chr. machen deutlich, wie sich mit dem Fortschreiten der Romanisation neue, eigenständige Religionsformen herausbildeten. Es hat daher wenig Sinn, mit Hilfe eines schematischen Kriterienkataloges die Götter als einheimisch oder römisch zu qualifizieren[110], zumal ein Dedikant ab der Mitte des 2. Jahrhunderts diese Differenzierung nicht vorgenommen hätte[111]. Solche Exponate gallorömischer Ausprägung fallen in die Blütezeit von Zivilsiedlungen, die sich in der Regel aus dem vorhergehenden Lagerdorf entwickelt haben. In Köngen lässt sich ein um 90 n. Chr. am linken Neckarufer angelegtes Auxiliarkastell mit einer Fläche von 2,5 ha nachweisen. Von Erfolg gekrönt sind die dortigen archäologischen Arbeiten[112]:

1911 Nach dem Vorbild der Saalburg erfolgte der Wiederaufbau des südlichen Eckturms (Abb. 50) durch den Schwäbischen Albverein.

1976 Bei der Erweiterung des Hotels „Römerkastell" wurde ein großer rechteckiger Sandsteinblock gefunden. Mit Hilfe von Vergleichsbeispielen konnte ein Mithrasrelief rekonstruiert werden[113] (Abb. 45).

1978 Auf Initiative des Landesdenkmalamtes Baden-Württemberg und des Schwäbischen Albvereins wurden das Freilichtmuseum und das Museum im Kastellturm eröffnet.

1982 Die Ortsgruppe Köngen erhielt für ihre Bemühungen

---

[109] Vgl. Spickermann, Germania Superior, 444 f.

[110] Leunissen, Römische Götternamen und einheimische Religion der Provinz Germania Superior, 1985, 156 f.

[111] Vgl. Spickermann, Aspekte einer >neuen< regionalen Religion, 151 f.

[112] Vgl. Bechert 298; Luik/Reutti 61 ff.; RBW 369 ff.

[113] Vgl. Luik/Reutti 16 f.

um das römische *Grinario* den Württembergischen Archäologiepreis.

1988 Der Römerpark in Köngen wurde eröffnet – ein Muss für jeden Museumsliebhaber.

Abb. 50: Wiederaufgebauter südlicher Eckturm des Kastells Köngen/*Grinario*

Abb. 51: Teilrekonstruiertes Hauptgebäude der *villa rustica* von Hechingen-Stein

Zu der *civitas Sumelocennensium* dürfte auch der Gutshof von Hechingen-Stein (Abb. 51) im Zollernalbkreis gehört haben. Er zählt heute zu den bekanntesten und größten *villae rusticae* in Baden-Württemberg und ist mittlerweile (Entdeckung 1973 durch Gerd Schollian)[114] zu einer Touristenattraktion geworden. Obwohl bis jetzt nur der kleinere Teil der Anlage genauer erforscht werden konnte, kann man davon ausgehen (seit 1992 werden die Ausgrabungen weitergeführt), dass das gesamte Areal mindestens 15 Gebäude umfasste. Im Tempelbezirk fand sich eine große Anzahl von Skulpturenteilen, die Aufschluss über die hier verehrten

---

[114] Vgl. Schmidt-Lawrenz 11.

Gottheiten geben. Nennenswert sind insbesondere der Kopf der Göttin Venus (Abb. 52), der Torso eines Eroten, der Unterteil eines Dianareliefs, die Beine einer auf den Mithras- oder Jupiter Dolichenus-Kult hinweisenden Stierstatue sowie Segmente einer Jupitergigantensäule[115]. Schwer zu beantworten ist die Frage, ob diesen Kultplatz nur die Bewohner des Landgutes nutzten oder ob er von überregionaler Bedeutung war.

Abb. 52: Venuskopf

[115] Vgl. Schmidt-Lawrenz 35 ff.

Im Mittelpunkt der Großen Landesausstellung in Stuttgart (vom 1. Oktober 2005 bis 8. Januar 2006) standen der Tempelbezirk von Osterburken, das Limestor von Dalkingen und die „Götterhalle“ von Rohrdorf[116] (Abb. 53), das wie Hechingen-Stein, Bondorf, Remmingsheim, Kirchentellinsfurt und Tübingen-Unterjesingen ein ergiebiger Fundplatz von römischen Skulpturen im Gebiet der ehemaligen *civitas Sumelocennensium* ist. Die Rohrdorfer Skulpturenfragmente lagen alle im Schutt innerhalb einer Halle, die zu einer etwa 3 ha großen ländlichen Siedlung gehörte. Das bedeutendste Stück ist ein Torso des Mars, der im Gegensatz zu den anderen Göttern trotz seiner Beschädigung durch einen Pflug in voller Lebensgröße erhalten ist. Bislang wurden den elf auf Einzelfundamenten ruhenden Quadern entsprechend Bruchstücke von elf Einzelfiguren ausgegraben. Wenn auch eine zwölfte wahrscheinlich ist, so hat sich meine im Verlauf der Ausgrabungsarbeiten (Sommer 2001) aufgestellte These (Vortrag am 30.01.2002 im Kolloquium *Römische Reichsreligion und Provinzialreligion* in Tübingen), bei den Götterstatuen von Rohrdorf handle es sich um das klassische Pantheon der zwölf olympischen Götter, nicht bestätigt. Da aber immerhin sieben dieser Gottheiten vertreten sind (Merkur zweimal, Mars, Apollo, Juno, Venus, Minerva, Diana)[117], liegt die Vermutung nahe, dass ein reicher Gutsbesitzer mit einer besonderen Liebe zu Merkur, der ja in Obergermanien große Popularität genoss, sein eigenes Zwölf-Götterpantheon zusammengestellt hat. Ob die „Götterhalle“ religiösen Zwecken diente oder „nur“ ostentativ „Wohlstand“ und „klassische Bildung“ ihres Besitzers bekundete, lässt sich anhand des archäologischen Befundes nicht eindeutig klären. Aufmerksam verfolgte die Presse die „Preisgabe der geschichtlichen Geheimnisse“:

---

[116] Vgl. Trumm 286-289.

[117] Vgl. dazu Spickermann, Germania Superior, 326.

Götter und Thesen

Neue Funde in der Eutinger „villa rustica“

EUTINGEN (hp). Stück um Stück gibt die einstige römische Ansiedlung auf Rohrdorfer Gemarkung beim Eutinger Bahnhof ihre geschichtlichen Geheimnisse preis. Gleichzeitig stellt sie die Archäologen vor neue Rätsel.

Vor drei Wochen kam für Ausgrabungsleiter Dr. Jürgen Trumm das erste Erfolgserlebnis aus dem Untergrund: Vier relativ gut erhaltene, steinerne Köpfe von überlebensgroßen Statuen wurden im Schutt einer umgestürzten Mauer gefunden. Genau zum Antrittsbesuch der Kommunalpolitiker aus Eutingen und den Ortsteilen konnte der Ausgrabungsleiter die kleine Sensation präsentieren.

Dass sich im Steinhaufen noch mehr verbirgt, konnte man damals schon ahnen. Es drängte sich die Vermutung auf, dass zu jedem Kopf auch ein Torso gehört, Bruchstücke von Gliedmaßen waren ein weiteres Indiz für die Annahme. Ein Torso wurde zwischenzeitlich bereits gefunden und geborgen.

Dieser Tage konnte das Ausgrabungsteam zwei neue, aufschlussreiche Funde registrieren: Zuerst war es ein eindeutig weibliches Haupt mit üppiger Haarpracht in sehr gut erhaltenem Zustand, hier war die Bestimmung verhältnismäßig einfach. Unmittelbar neben dem Kopf fand sich eine Hand, welche einen Korb mit Früchten hält. Damit war klar: Es handelt sich um die Figur der Fruchtbarkeitsgöttin Demeter, innerhalb der römischen Gottheiten zuständig für Ackerbau und Viehzucht. Auffallend am fein herausgearbeiteten Gesicht die sauber modellierten Pupillen mit dem typischen Götterblick: Wie entseelt schauen die Augen nach oben in die Götterwelt.

Kaum war das gute Stück geborgen, zeigte sich mit dem „Kollegen“ Merkur ein weiteres Götterhaupt. Schon bei der ersten Vierergruppe war ein Merkurkopf dabei. Hier war die Identifizierung ebenfalls sehr sicher möglich. Was auf dem Haupt wie Wülste aussieht, sind Reste der Flügel, welche Merkur als Götterboten ausweisen.

Im Gegensatz zur relativ klaren Identität erweist sich die Fundstelle immer noch als rätselhaft. Inmitten der Steinlage aus umgestürzten

Mauern sind deutlich zwei Fundamentstreifen erkennbar. Sie bildeten einen Raum von 2,5 Metern Breite und mindestens 20 Metern Länge. Inmitten des schlauchartigen Raumes finden sich sechs Fundamente. Was zuerst wie Platten aussah, erwies sich als größere Steinquader, die etliches in die Tiefe reichen. Sie könnten in ihren Ausmaßen dem so genannten „Römerstein" entsprechen, der im Jahre 1928 ausgegraben wurde und jetzt an der Bahnlinie Ergenzingen-Eutingen aufgestellt ist. Allerdings würde man es sich nach Meinung von Jürgen Trumm zu einfach machen, aus den sechs Fundamenten und den sechs Köpfen mit Sicherheit darauf zu schließen, dass die Figuren auf den Steinen gestanden haben. Auf Spekulationen will sich der Grabungsleiter nicht einlassen, die Archäologen wollen sich nur auf fundierte und belegbare Erkenntnisse verlassen. Zumindest vor Ort und ohne vergleichenden Zugriff auf entsprechende Literatur kann Dr. Trumm über die Bedeutung des eigenartigen Raumes keine eindeutige Aussage machen, wenngleich der Laie eine Götterhalle vermuten könnte.

Ziemlich sicher ist sich allerdings Trumm, dass die Verwandlung des einstigen römischen Gutshofes in eine Ruine nicht auf kriegerische Auseinandersetzung – durch einfallende Germanen beispielsweise – zurückzuführen ist. Das Fehlen jeglicher Brand-Spuren spricht nicht dafür. Viel eher glaubt Trumm, dass die Siedlung von den Römern ganz einfach aufgegeben wurde. Die Gebäude und Statuen wurden möglicherweise dem Verfall überlassen. Irgendwann sind dann die Mauern eingestürzt, sie haben die Steinfiguren mitgerissen und zerstört. Deshalb liegt auch die Vermutung nahe, dass unter dem Steinfeld die Körper und weitere Körperteile auf ihre Entdeckung warten.

SWP vom 30.06.2001

Abb. 53: Steinquader der „Götterhalle“ von Eutingen/Rohrdorf bei Rottenburg a. N.

Anlage kann religiöse Bedeutung beigemessen werden

Die schönsten Funde sind römische Münzen wie eine zwei Mark große, grüne unter Kaiser Hadrian (117 bis 138 nach Christus), Schmuckstücke von Frauengewändern, genannt Fibeln, und die Bruchstücke der Skulpturen.

Unter ihnen erkennt der Archäologe Arme und Beine wie den Unterschenkel des Herkules mit Teilen seines Löwenfells. Dieses Stück ist etwa 60 mal 40 Zentimeter groß, woran man erkennen kann, dass die Götter überlebensgroß dargestellt wurden.

Die Keule des Herkules ist noch vollständig erhalten und etwa einen Meter lang. Das Lieblingsstück von Jürgen Trumm aber ist eine etwa 20 Zentimeter große Eule aus Sandstein. Sie ist das Begleittier der Göttin Minerva, die in der römischen Götterwelt für die Weisheit steht.

SWP vom 11.08.2001

3.3 Das römische Ladenburg (Lopodunum)

Nach Heddernheim/*Nida* ist Ladenburg/*Lopodunum* die größte Stadt im Limesgebiet. Mit Ladenburg am unteren Neckar und Rottweil am oberen Neckar hat das Decumatland zwei städtische Zentren, die aus Militärlagern hervorgegangen sind. In Ladenburg wie auch im benachbarten Heidelberg lassen sich Kastelle aus der frühflavischen Zeit nachweisen. Zur Garnison des Ladenburger Steinkastells der domitianischen Zeit (um 90 n. Chr.) zählte ein Reiterregiment der *Cannanefates* (*ala I Cannanefatium*)[118]. Im Zuge der Neuorganisation des rechtsrheinischen Gebietes wurde unter Kaiser Trajan Ladenburg zum Hauptort der *civitas Ulpia Sueborum Nicrensium* (CVSN)[119] erhoben. Selbst wenn die archäologischen Quellen den Beweis des Gründungsjahres nicht erbringen, können wir davon ausgehen, dass Trajan, der in den Jahren 96?/97 Statthalter in der Provinz Obergermanien war und dessen Aufenthalt an der Rheingrenze für das Jahr 98 bezeugt ist, in diesem Zeitraum den Grundstein für die Einrichtung einer *civitas* legte[120]. Dafür spricht auch das Stadtjubiläum von 1898, das man unter Anwesenheit des Großherzogs von Baden feierte, sowie – 100 Jahre später – die 1900-Jahrfeier, die unter folgendem Motto stand: „Tut sich der Tourismus schwer, muß ein Jubiläum her“[121]. Der Umfang der heutigen Alt- und Süd-Stadt von Ladenburg entspricht etwa dem Gebiet der Zivilsiedlung (*vicus*) *Lopodunum*, die sich nach dem Abzug des Militärs und dem Einplanieren des Kastells auf dem ehemaligen

---

[118] CIL XIII 11740.

[119] CIL XIII 6417.

[120] Vgl. Schulzki 77 f.; Rabold, Topographie des römischen Ladenburg, 178, plädiert für einen späteren Zeitpunkt: erst nach dem endgültigen Sieg Trajans über die Daker (106 n. Chr.).

[121] Schulzki 75.

Kastellgelände entwickelte[122]. Im Süden des Stadtbereichs lag eine Siedlung der aus dem elbgermanischen Raum stammenden Sueben, die seit tiberischer Zeit am unteren Neckar/*Nicer* sesshaft wurden (*Suebi Nicrenses*, „Neckarsweben"). Das stationierte Heer, zugewanderte Neusiedler aus Ostgallien, germanische Bevölkerungsteile, die sich vom Namen der *civitas* herleiten lassen, sowie der auf keltische Bevölkerungsgruppen der (vor)römischen Zeit hinweisende Name *Lopodunum* kennzeichnen ein uneinheitliches Bevölkerungsgemisch am Anfang des „weiten Weges" vom Truppenstandort zur Metropole[123]. Im rückwärtigen Kastellabschnitt[124] entstanden das Forum und eine große Basilika (Abb. 54 und 55). Mit einem fast unvorstellbaren Ausmaß von 130 m x 84 m ist diese Anlage ein einzigartiger Gebäudekomplex im rechtsrheinischen Obergermanien[125]. Eine räumliche Vorstellung davon vermittelt heute die gotische Kirche St. Gallus, die auf den Fundamenten der römischen Marktbasilika steht. Die Bauarbeiten dürften unmittelbar nach der Gründung der *civitas* begonnen haben. Aufgrund der jüngeren Ausgrabungen vermutet man aber, dass die Basilika niemals vollendet worden ist.

---

[122] Vgl. RBW 383 ff.; Bechert 304.

[123] Vgl. Sommer, Die städtischen Siedlungen im rechtsrheinischen Obergermanien, 119-141; Vom Kastell zur Stadt, 124; Die römischen Zivilsiedlungen, 289 f.; Ternes, Die Provincia Germania Superior, 878 ff.

[124] Im rückwärtigen Lagerteil eines Kastells (*retentura*) befanden sich meistens Stallungen und Kasernen, im mittleren (*latera praetorii*) das Wohnhaus des Kommandanten (*praetorium*) und das Stabsgebäude (*principia*), im vorderen (*praetentura*) Kasernen und Räume für Waffen und Zugtiere. Vgl. Fellmann 15 ff.

[125] Vgl. Rabold, Öffentliche Großbauten, 171 f.; RBW 386-388.

Abb. 54: Rekonstruktionszeichnung: Basilika von Ladenburg/*Lopodunum*

Abb. 55: Ausschnitt aus dem Mauerwerk der Basilika von Ladenburg/*Lopodunum*

Abb. 56: Theatersitzstufen des Theaters von Ladenburg/*Lopodunum*

Im Jahre 1967 wurden südöstlich der Stadtmauer ein Steinbau und mehrere Sitzsteine (Abb. 56) freigelegt, die zu einem Theater mit einer Basislänge von ca. 90 m gehörten. An das Bühnenhaus schloss sich eine halbkreisförmige, 30 m breite *orchestra* mit aufsteigenden Sitzrängen an. Die Entstehungszeit des Theaters ist nicht bezeugt, doch muss eine solch monumentale Anlage, die etwa 5 000 Besuchern Platz bot, ebenso wie der Großteil der Weihedenkmäler[126] der Blütezeit der Stadt entstammen[127]. Das römische Spielwesen mit seinen vier Örtlichkeiten (Theater, Amphitheater, Circus, Stadion), das wegen der engen Verbindung mit dem Götzenkult (*idololatria*) und aus moralischen Gründen von den Kirchenvätern heftig kritisiert wurde, erfreute sich in der Kaiserzeit großer Publikumsgunst. *Panem et Circenses* („Brot und Spiele") war der Ruf des Volkes. Vor allem die blutigen Gladiatorenkämpfe im Kolosseum und die Wagenrennen im Circus Maximus in Rom zogen die Menschen in Scharen an. Aber auch die Athleten der „olympischen Disziplinen" im Stadion und die Schauspieler im Theater, die mimisch Alltagsszenen wie beispielsweise Hochzeit und Ehebruch „nachahmten" oder die Götter (im Laufe der Zeit sogar die christliche Taufe) verspotteten und pantomimisch im fliegenden Rollenwechsel mythische Stoffe (Liebesabenteuer der Menschen und Götter) präsentierten, wurden vom Publikum frenetisch gefeiert[128].
Ladenburg begeht 2098 Stadtjubiläum. 2 000 Jahre Civitashauptort *Lopodunum*! Mit gutem Recht gibt es dann hier wieder etwas zu feiern.

---

[126] Im unteren Neckarraum dominiert der Jupiterkult. Die dort ebenfalls verehrten Götter Mercurius Visucius und Mercurius Cimbrianus sprechen für eine romanisierte Bevölkerung. Vgl. Wiegels 193-221.
[127] Vgl. Rabold, Öffentliche Großbauten, 174; RBW 388 f.
[128] Vgl. Fugmann 18 ff.

Abb. 57: Altstadt von Ladenburg/*Lopodunum* mit St. Gallus-Kirche im Hintergrund

III. Resümee

„Wir werden das Altertum nicht los, solange wir nicht Barbaren werden", hat einmal der Kulturhistoriker Jacob Burckhardt (1818-1897) gesagt. Wenn auch die Römer untergegangen sind, so hat sich ihre Kultur bis heute erhalten. Sie dokumentiert die politische und geistige Macht Roms, das kraft eines einmaligen Sendungsbewusstseins in verhältnismäßig kurzer Zeit ein gewaltiges Imperium errichtete. Mit der Aufgabe des Limes ging die 300-jährige Zugehörigkeit Südwestdeutschlands zum Römischen Reich zu Ende. Die „römischen Überbleibsel" faszinierten von alters her die Menschen in unserem Lande. Aber erst im Zeitalter des Humanismus, dessen Ziel die Neubelebung der antiken Kultur sowie die umfassende Bildung des Menschen war, entstand ein wirkliches Interesse an provinzialrömischen Relikten. Die Sammelleidenschaft dieser Zeit führte zu privaten Ausgrabungen und reichhaltigen Privatsammlungen. Heute werden im Zeichen der Denkmalpflege alle Funde der Öffentlichkeit in lokalen Museen präsentiert. Für ihre wissenschaftliche Aufbereitung gewinnt die interdisziplinäre Zusammenarbeit zwischen der Archäologie und den Naturwissenschaften zunehmend an Bedeutung. Ebenso bieten die Ergebnisse der religionswissenschaftlichen Untersuchungen neuartige Perspektiven und Zugangsweisen zur Erforschung der religiösen Verhältnisse in den Randprovinzen des Imperiums. Auf deutschem Boden lassen sich sehr viele materielle Überreste nachweisen, die aus dem religiösen Bereich stammen. Im Decumatland, dessen heterogene Bevölkerung keineswegs auf eine einheitliche religiöse Tradition zurückgreifen konnte, richten sich die Weihinschriften vorrangig an I(upiter) O(ptimus) M(aximus), Mercurius (Visucius), Mithras und an die verschiedenen Genien. Diese und andere inschriftlich bezeugte Götter zeigen, wie sich mit dem Fort-

schreiten der Romanisation eine eigene regionale Religion gallorömischer Ausprägung herausgebildet hat. Eine solche Entwicklung ist nicht zuletzt die Folge der Toleranz, die die Römer den Religionen der neu eingegliederten Völkergruppen entgegenbrachten.
Zurück zum Ausgangspunkt: Wenn uns auch keine persönliche Beziehung mit dem Adressatenkreis der Inschriften verbindet, wenn auch die genannten Gottheiten uns nichts mehr bedeuten, so regt die Begegnung mit kultureller Vielfalt zur Aufgeschlossenheit gegenüber anderen Kulturen an. Heute, nach 500 Jahren erfolgreicher Römerforschung, sind wir in der Lage, die Lebensumstände der Römer in Baden-Württemberg mit der eigenen Lebenswelt zu vergleichen. Umso mehr sind wir allesamt dazu eingeladen, die archäologischen Schätze der ***decumates agri*** zu entdecken und zu bestaunen, zumal sie direkt vor unserer Haustüre liegen: Alte, aber überaus lebendige Städte unserer Region, wie *Arae Flaviae*, *Sumelocenna*, *Lopodunum* und viele andere, warten mit einem abwechslungsreichen Kulturangebot auf unseren Besuch.
Mögen die internationalen Römertage in Aalen am Ende der kleinen Einführung in die Provinzialrömische Archäologie die große Vergangenheit „Unseres Ländles“ wieder lebendig werden lassen!

Abb. 58: Internationale Römertage Aalen: Kampfbereite Legionssoldaten

Abb. 59: Internationale Römertage Aalen: Kampf der Gladiatoren

Abb. 60: Internationale Römertage Aalen: Reiter mit Paraderüstung, Maskenhelm und Paradeschild

Anhang

Abkürzungsverzeichnis

ANRW	Aufstieg und Niedergang der Römischen Welt. Hrsg. v. H. Temporini u. W. Haase. Teil II: Prinzipat, Berlin/New York 1974 ff.
BGBW	Bildungsplan für das allgemein bildende Gymnasium in Baden-Württemberg. Hrsg. vom Ministerium für Kultus, Jugend und Sport Baden-Württemberg 2004.
CIL	Corpus inscriptionum Latinarum. Hrsg. von der Preußischen Akademie der Wissenschaften. Berlin 1863 ff.
DFG	Deutsche Forschungsgemeinschaft.
DNP	Der Neue Pauly. Enzyklopädie der Antike. Hrsg. v. Cancik, H. u. Schneider, H., Stuttgart 1996 ff.
EPRO	Études préliminaires aux religions orientales dans l'empire romain.
FO	Fundort des Originals.
HS	Haug, F./Sixt, G., Die römischen Inschriften und Bildwerke Württembergs, 2. Auflage Stuttgart 1914.
ILS	Inscriptiones Latinae selectae. Hrsg. von H. Dessau. 3 Bde. Berlin 1892-1916 (Nachdruck 1962).
ORL	Fabricius, E./Hettner, F./Sarwey, O. v. (Hrsg.), Der obergermanisch-rätische Limes des Römerreichs. Abteilung A Streckenbeschreibungen. Abteilung B Beschreibung der Kastelle. Leipzig 1894-1937.

RBW	Filtzinger, Ph./Planck, D./Cämmerer, B. (Hrsg.), Die Römer in Baden-Württemberg. Stuttgart 1986^{3}.
RGA	Reallexikon der Germanischen Altertumskunde. Hrsg. von Beck, H./Jankuhn, H./Kuhn, H./Ranke, K./Wenskus, R., 2. Auflage Berlin/New York 1973 ff.
RGK	Römisch-Germanische Kommission.
RLK	Reichslimeskommission.
RRP	Religion der Römischen Provinzen. Hrsg. von Cancik, H./Rüpke, J., Tübingen 2001 ff.
RuK	Wissowa, G., Religion und Kultus der Römer. Handbuch der klassischen Altertumswissenschaft 5,4. München 1912^{2}.
Suppl.	Supplementum. Ergänzungsband.
SWP	SÜDWEST PRESSE.
SZ	Schwäbische Zeitung.

Literaturverzeichnis

Baatz 1974
Baatz, D., Der Römische Limes. Archäologische Ausflüge zwischen Rhein und Donau. Berlin 1974.

Baatz 2001
Baatz, D., Limeskastell Saalburg. Ein Führer durch das römische Kastell und seine Geschichte. Bad Homburg v. d. H. 2001.

Bauchhenss 1976
Bauchhenss, G., Jupitergigantensäulen. Limesmuseum Aalen. Kleine Schriften zur Kenntnis der römischen Besetzungsgeschichte Südwestdeutschlands 14. Stuttgart 1976.

Bechert 2003
Bechert, T., Römische Archäologie in Deutschland. Geschichte, Denkmäler, Museen. Stuttgart 2003.

Begleitband 2005
Begleitband zur Ausstellung des Landes Baden-Württemberg (Imperium Romanum. Roms Provinzen an Neckar, Rhein und Donau) im Kunstgebäude Stuttgart vom 1. Oktober 2005 bis 8. Januar 2006 (hrsg. vom Archäologischen Landesmuseum Baden-Württemberg). Esslingen a. N. 2005.

Bittel/Kimmig/Schiek 1981
Bittel, K./Kimmig, W./Schiek, S. (Hrsg.), Die Kelten in Baden-Württemberg. Stuttgart 1981.

Braun 1992
Braun, R., Die Geschichte der Reichslimeskommission und ihre Forschungen. In: Der römische Limes in Deutschland (hrsg. von der Römisch-Germanischen Kommission des Deutschen Archäologischen Instituts und dem Verband der Landesarchäologen in der Bundesrepublik Deutschland). Stuttgart 1992, 9-32.

Cancik 2001
Cancik, H., Religionsgeschichtsschreibung bei Tacitus. In: Spickermann, W. (Hrsg.) 2001, 49-69.

Cancik/Hitzl 2003
Cancik, H./Hitzl, K. (Hrsg.), Die Praxis der Herrscherverehrung in Rom und seinen Provinzen. Tübingen 2003.

Cancik/Rüpke 1997
Cancik, H./Rüpke, J. (Hrsg.), Römische Reichsreligion und Provinzialreligion. Tübingen 1997.

Clauss 1990
Clauss, M., Mithras. Kult und Mysterien. München 1990.

Clauss 1992
Clauss, M., Cultores Mithrae. Die Anhängerschaft des Mithras-Kultes. Stuttgart 1992.

Clauss 1999
Clauss, M., Kaiser und Gott. Herrscherkult im römischen Reich. Stuttgart/Leipzig 1999 (Nachdruck München/Leipzig 2001).

Deininger 1965
Deininger, J., Die Provinziallandtage der römischen Kaiserzeit von Augustus bis zum Ende des dritten Jahrhunderts

nach Chr. Vestigia, Beiträge zur Alten Geschichte 6. München 1965.

Dietz 1997
Dietz, K., Decumates Agri. DNP 3 (1997), 354-356.

Dietz 2000
Dietz, K., Zur historischen Geographie nördlich der Alpen. In: Wamser, L. (Hrsg.) 2000, 1-9.

Dietz 2005
Dietz, K., Teil zweier Provinzen. Statthalter und Verwaltung. In: Begleitband zur Ausstellung des Landes Baden-Württemberg (2005), 104-109.

Eck 1995
Eck, W., Provinz – Ihre Definition unter politisch-administrativem Aspekt. In: Hesberg, H. v. (Hrsg.) 1995, 15-32.

Elbe 1977
Elbe, J. v., Die Römer in Deutschland. Ausgrabungen. Fundstätten. Museen. Stuttgart/Berlin 1977.

Fabricius/Hettner/Sarwey 1894-1937
Fabricius, E./Hettner, F./Sarwey, O. v. (Hrsg.), Der obergermanisch-rätische Limes des Römerreichs. Abteilung A Streckenbeschreibungen. Abteilung B Beschreibung der Kastelle. Leipzig 1894-1937.

Fasold 1992
Fasold, P., Römischer Grabbrauch in Süddeutschland. Limesmuseum Aalen. Schriften des Limesmuseums Aalen 46. Stuttgart 1992.

Fellmann 1983
Fellmann, R., Principia – Stabsgebäude. Limesmuseum Aalen. Kleine Schriften zur Kenntnis der römischen Besetzungsgeschichte Südwestdeutschlands 31. Stuttgart 1983.

Filtzinger 1980
Filtzinger, Ph., Hic saxa loquuntur. Hier reden die Steine. Limesmuseum Aalen. Kleine Schriften zur Kenntnis der römischen Besetzungsgeschichte Südwestdeutschlands 25. Stuttgart 1980.

Filtzinger 1995
Filtzinger, Ph., Arae Flaviae. Das römische Rottweil. Schriften des Limesmuseums Aalen 49. Stuttgart 1995.

Filtzinger/Planck/Cämmerer 1986
Filtzinger, Ph./Planck, D./Cämmerer, B. (Hrsg.), Die Römer in Baden-Württemberg. Stuttgart 1986^{3}.

Fischer 1981
Fischer, F., Die Kelten und ihre Geschichte. In: Bittel, K./Kimmig, W./Schiek, S. (Hrsg.) 1981, 45-76.

Fischer 1999
Fischer, Th., Die Römer in Deutschland. Stuttgart 1999.

Fischer 2000
Fischer, Th., Die germanischen Provinzen in der Spätantike. In: Wamser, L. (Hrsg.) 2000, 207-212.

Fischer 2001
Fischer, Th. (Hrsg.), Die römischen Provinzen. Eine Einführung in ihre Archäologie. Stuttgart 2001.

Fishwick 1987-1992
Fishwick, D., The Imperial Cult in the Latin West. Studies in the Ruler Cult of the Western Provinces of the Roman Empire (EPRO 108). 4 Bde. Leiden 1987-1992.

Förderverein 1998
Förderverein zur Erforschung und Erhaltung der Kulturdenkmale in Hechingen-Stein e.V. (Hrsg.), Römisches Freilichtmuseum Hechingen-Stein. Kurzführer. Hechingen-Stein 1998.

Frateantonio 1997
Frateantonio, C., Autonomie der antiken Stadt und Zentralisierung religiöser Administration in der Kaiserzeit und Spätantike. In: Cancik, H./Rüpke, J. (Hrsg.) 1997, 85-97.

Fugmann 1988
Fugmann, J., Römisches Theater in der Provinz. Eine Einführung in das Theaterwesen im Imperium Romanum. Limesmuseum Aalen. Schriften des Limesmuseums Aalen 41. Stuttgart 1988.

Gaubatz 1987
Gaubatz, A., Der Arzt Dr. Franz Paradeis und die Erforschung des röm. Rottenburg. Forschungen und Funde, Franz Paradeis (1860-1936) zum Gedächtnis (hrsg. vom Sülchgauer Altertumsverein e.V. Rottenburg am Neckar 1987), 9-24.

Goessler 1928
Goessler, P., Arae Flaviae. Führer durch die Altertumshalle der Stadt Rottweil. Rottweil a. N. 1928.

Goessler/Hertlein/Paret 1928-1932
Goessler, P./Hertlein, F./Paret, O., Die Römer in Württemberg. Bd. 1-3. Stuttgart 1928-1932.

Greule 2005
Greule, A., Keltische Ortsnamen in Baden-Württemberg. Wir können alles – außer Latein. In: Begleitband zur Ausstellung des Landes Baden-Württemberg (2005), 80-84.

Hatt 1970
Hatt, J. J., Kelten und Galloromanen. Genf 1970.

Haug/Sixt 1914
Haug, F./Sixt, G., Die römischen Inschriften und Bildwerke Württembergs. Stuttgart 1914[2].

Heiligmann 2003
Heiligmann, K., Sumelocenna. Römisches Stadtmuseum Rottenburg am Neckar. Führer zu archäologischen Denkmälern in Baden-Württemberg 18. Stuttgart 2003[2].

Hensen 2005
Hensen, A., Unsagbar, Geheim, Verboten ... Orientalische Gottheiten und Mysterienkulte. In: Begleitband zur Ausstellung des Landes Baden-Württemberg (2005), 217-224.

Herz 1978
Herz, P., Bibliographie zum römischen Kaiserkult (1955-1975). In: ANRW II 16,2 (1978), 833-910.

Herz 1988
Herz, P., Der römische Kaiser und der Kaiserkult. Gott oder primus inter pares? In: Zeller, D. (Hrsg.), Menschwerdung Gottes – Vergöttlichung von Menschen. Novum Testamentum et Orbis Antiquus 7. Freiburg/Schweiz 1988, 115-140.

Hesberg 1995
Hesberg, H. v. (Hrsg.), Was ist eigentlich Provinz? Zur Beschreibung eines Bewußtseins. Schriften des Archäologischen Instituts der Universität zu Köln. Köln 1995.

Hesberg/Schalles/Zanker 1992
Hesberg, H. v./Schalles, H. J./Zanker, P. (Hrsg.), Die römische Stadt im 2. Jahrhundert n. Chr. Der Funktionswandel des öffentlichen Raumes. Kolloquium Xanten 2.-4. Mai 1990. Xantener Berichte 2. Köln/Bonn 1992.

Hüssen 2000
Hüssen, C.-M., Die Donaugrenze von tiberisch-claudischer bis in frühflavische Zeit. In: Wamser, L. (Hrsg.) 2000, 58-63.

Huld-Zetsche 1994
Huld-Zetsche, I., Nida. Eine römische Stadt in Frankfurt am Main. Limesmuseum Aalen. Kleine Schriften zur Kenntnis der römischen Besetzungsgeschichte Südwestdeutschlands 48. Stuttgart 1994.

Huld-Zetsche 2000
Huld-Zetsche, I., Orientalische Kulte. In: Wamser, L. (Hrsg.) 2000, 241-245.

Huld-Zetsche 2001
Huld-Zetsche, I., Der Mithraskult im römischen Germanien. In: Spickermann, W. (Hrsg.) 2001, 339-359.

Jütting 2000
Jütting, I., Die ländliche Besiedlung und ihre wirtschaftlichen Grundlagen. In: Wamser, L. (Hrsg.) 2000, 108-114.

Kemkes 2005
Kemkes, M., Vom Rhein an den Limes und wieder zurück. Die Besetzungsgeschichte Südwestdeutschlands. In: Begleitband zur Ausstellung des Landes Baden-Württemberg (2005), 44-53.

Kemkes 2005
Kemkes, M., Bei allen Göttern ... Gallorömische Religion an Neckar, Rhein und Donau. In: Begleitband zur Ausstellung des Landes Baden-Württemberg (2005), 200-207.

Kemkes 2005
Kemkes, M., Ehingen-Rißtissen. In: Planck, D. (Hrsg.) 2005, 65-69.

Klee 1986
Klee, M., Arae Flaviae III. Der Nordvicus von Arae Flaviae. Forschungen und Berichte zur Vor- und Frühgeschichte in Baden-Württemberg 18. Stuttgart 1986.

Kortüm 2005
Kortüm, K., Städte und kleinstädtische Siedlungen. Zivile Strukturen im Hinterland des Limes. In: Begleitband zur Ausstellung des Landes Baden-Württemberg (2005), 154-164.

Krausse 2005
Krausse, D., Das Phänomen Romanisierung. Antiker Vorläufer der Globalisierung? In: Begleitband zur Ausstellung des Landes Baden-Württemberg (2005), 56-62.

Landesdenkmalamt 1999
Landesdenkmalamt Baden-Württemberg (Hrsg.), Archäologie im Umland der Heuneburg. Neue Ausgrabungen und Funde an der oberen Donau zwischen Mengen und Riedlin-

gen. Archäologische Informationen Baden-Württemberg 40. Stuttgart 1999.

Leibinger 2000
Leibinger, H., Kultische Situation in lyrischer und epischer Dichtung. Untersuchungen zum Realitätsbezug in einigen Gedichten von Horaz, Properz, Tibull, Statius und Claudian. Diss. Tübingen 2000.

Leunissen 1985
Leunissen, P. M. M., Römische Götternamen und einheimische Religion der Provinz Germania Superior. Fundberichte aus Baden-Württemberg 10 (1985), 155-195.

Liertz 1998
Liertz, U. M., Kult und Kaiser. Studien zu Kaiserkult und Kaiserverehrung in den germanischen Provinzen und in Gallia Belgica zur römischen Kaiserzeit. Acta Instituti Romani Finlandiae 20. Rom 1998.

Luik/Reutti 1988
Luik, M./Reutti, F., Der Römerpark in Köngen. Führer zu archäologischen Denkmälern in Baden-Württemberg 12. Stuttgart 1988.

Matthäus 1989
Matthäus, H., Der Arzt in römischer Zeit. Limesmuseum Aalen. Schriften des Limesmuseums Aalen 43. Stuttgart 1989.

Meyr 2003
Meyr, M., Soldaten und Händler an der oberen Donau. Ein Führer durch das Römermuseum Mengen-Ennetach. Mengen 2003.

Neth 2005
Neth, A., Spätkeltische Gutshöfe. Die Viereckschanzen bei Nordheim. In: Begleitband zur Ausstellung des Landes Baden-Württemberg (2005), 71-74.

Nuber 2005
Nuber, H. U., Kelten im römischen Baden-Württemberg. Eine Renaissance im 2./3. Jahrhundert. In: Begleitband zur Ausstellung des Landes Baden-Württemberg (2005), 75-79.

Nuber 2005
Nuber, H. U., Villae rusticae. Römische Bauernhöfe und Landgüter in Baden-Württemberg. In: Begleitband zur Ausstellung des Landes Baden-Württemberg (2005), 270-277.

Ott 1995
Ott, J., Die Beneficiarier. Untersuchungen zu ihrer Stellung innerhalb der Rangordnung des römischen Heeres und zu ihrer Funktion. Historia Einzelschriften 92. Stuttgart 1995.

Paradeis 1935
Paradeis, F., Sumelocenna, Sülchen, Landskron. Rottenburg a. N. 1935.

Planck 1975
Planck, D., Arae Flaviae I. Neue Untersuchungen zur Geschichte des römischen Rottweil I. Forschungen und Berichte zur Vor- und Frühgeschichte in Baden-Württemberg 6/1. Stuttgart 1975.

Planck 1988
Planck, D. (Hrsg.), Archäologie in Württemberg. Ergebnisse und Perspektiven archäologischer Forschung von der Altsteinzeit bis zur Neuzeit. Stuttgart 1988.

Planck 2005
Planck, D. (Hrsg.), Die Römer in Baden-Württemberg. Römerstätten und Museen von Aalen bis Zwiefalten. Stuttgart 2005.

Planck 2005
Planck, D., 500 Jahre Römerforschung in Baden-Württemberg. Eine positive Bilanz. In: Begleitband zur Ausstellung des Landes Baden-Württemberg (2005), 22-27.

Probst 1998
Probst, H. (Hrsg.), Ladenburg. Aus 1900 Jahren Stadtgeschichte. Ubstadt-Weiher 1998.

Rabold 2000
Rabold, B., Civitashauptorte und Municipien im rechtsrheinischen Obergermanien. In: Wamser, L. (Hrsg.) 2000, 98-103.

Rabold 2005
Rabold, B., Öffentliche Großbauten. Architektur nach dem Vorbild Roms. In: Begleitband zur Ausstellung des Landes Baden-Württemberg (2005), 169-176.

Rabold 2005
Rabold, B., Topographie des römischen Ladenburg. Aufstieg vom Truppenstandort zur Metropole. In: Begleitband zur Ausstellung des Landes Baden-Württemberg (2005), 177-180.

Rüpke 1997
Rüpke, J., Römische Religion und >Reichsreligion<: Begriffsgeschichtliche und methodische Bemerkungen. In: Cancik, H./Rüpke, J. (Hrsg.) 1997, 3-23.

Rüpke 2001
Rüpke, J., Die Religion der Römer. München 2001.

Rüsch 1981
Rüsch, A., Das römische Rottweil. Führer zu archäologischen Denkmälern in Baden-Württemberg 7. Stuttgart 1981.

Schillinger-Häfele 1982
Schillinger-Häfele, U., Lateinische Inschriften, Quellen für die Geschichte des römischen Reiches. Limesmuseum Aalen. Kleine Schriften zur Kenntnis der römischen Besetzungsgeschichte Südwestdeutschlands 28. Stuttgart 1982.

Schillinger-Häfele 1986
Schillinger-Häfele, U., Consules, Augusti, Caesares. Datierung von römischen Inschriften und Münzen. Limesmuseum Aalen. Schriften des Limesmuseums Aalen 37. Stuttgart 1986.

Schmidt-Lawrenz 1999
Schmidt-Lawrenz, S., Die römische Gutsanlage von Hechingen-Stein. Führer zu archäologischen Denkmälern in Baden-Württemberg 21. Stuttgart 1999.

Schmidts 2005
Schmidts, Th., Göttliche Herrscher. Die Kaiser und ihre Verehrung in der Provinz. In: Begleitband zur Ausstellung des Landes Baden-Württemberg (2005), 123-129.

Schulzki 1998
Schulzki, H.-J., Trajan, Ladenburg und das Jahr 98. Bemerkungen zum Datum des Stadtjubiläums. In: Probst, H. (Hrsg.) 1998, 75-80.

Schumacher 1988
Schumacher, L., Römische Inschriften, Latein/Deutsch. Stuttgart 1988.

Schwertheim 1974
Schwertheim, E., Die Denkmäler orientalischer Gottheiten im römischen Deutschland. Mit Ausnahme der ägyptischen Gottheiten (EPRO 40). Leiden 1974.

Sommer 1988
Sommer, C. S., Die römischen Zivilsiedlungen in Südwestdeutschland. In: Planck, D. (Hrsg.) 1988, 281-310.

Sommer 1992
Sommer, C. S., Die städtischen Siedlungen im rechtsrheinischen Obergermanien. In: Hesberg, H. v./Schalles, H. J./Zanker, P. (Hrsg.) 1992, 119-141.

Sommer 1998
Sommer, C. S., Vom Kastell zur Stadt. Lopodunum und die Civitas Ulpia Sueborum Nicrensium. In: Probst, H. (Hrsg.) 1998, 81-201.

Späth 2004
Späth, J., Die Römer in Ennetach. Mengen-Ennetach 2004.

Speidel 1980
Speidel, M. P., Jupiter Dolichenus. Der Himmelsgott auf dem Stier. Limesmuseum Aalen. Kleine Schriften zur Kenntnis der römischen Besetzungsgeschichte Südwestdeutschlands 24. Stuttgart 1980.

Spickermann 1997
Spickermann, W., Aspekte einer >neuen< regionalen Religion und der Prozeß der >interpretatio< im römischen Germanien, Rätien und Noricum. In: Cancik, H./Rüpke, J. (Hrsg.) 1997, 145-167.

Spickermann 2001
Spickermann, W., Die germanischen Provinzen als Feld religionshistorischer Untersuchungen. In: Spickermann, W. (Hrsg.) 2001, 3-47.

Spickermann 2001
Spickermann, W. (Hrsg.) in Verb. mit Cancik, H. und Rüpke, J., Religion in den germanischen Provinzen Roms. Tübingen 2001.

Spickermann 2003
Spickermann, W., Germania Superior. Religionsgeschichte des römischen Germanien I. Religion der Römischen Provinzen (RRP2). Tübingen 2003.

Taeger 1957/1960
Taeger, F., Charisma. Studien zur Geschichte des antiken Herrscherkultes. 2 Bde. Stuttgart 1957/1960.

Ternes 1976
Ternes, Ch.-M., Die Provincia Germania Superior im Bilde der jüngeren Forschung. In: ANRW II 5,2 (1976), 721-1260.

Ternes 1986
Ternes, Ch.-M., Römisches Deutschland. Aspekte seiner Geschichte und Kultur. Stuttgart 1986.

Timpe 1992
Timpe, D., Tacitus' Germania als religionsgeschichtliche Quelle. In: Beck, H./Ellmers, D./Schier, K. (Hrsg.), Germanische Religionsgeschichte. Quellen und Quellenprobleme. Ergänzungsbände zum RGA^2 5. Berlin/New York 1992, 434-485.

Trumm 2005
Trumm, J., Eine römische Göttergalerie auf dem Land? Der Skulpturenfund von Rohrdorf. In: Begleitband zur Ausstellung des Landes Baden-Württemberg (2005), 286-289.

Trunk 1991
Trunk, M., Römische Tempel in den Rhein- und westlichen Donauprovinzen. Ein Beitrag zur architekturgeschichtlichen Einordnung römischer Sakralbauten in Augst. Forschungen in Augst 14. Augst 1991.

Ulansey 1989
Ulansey, D., The Origins of the Mithraic Mysteries: Cosmology and Salvation in the Ancient World (dt.: Die Ursprünge des Mithraskultes. Kosmologie und Erlösung in der Antike. Stuttgart 1998). New York 1989.

Ulbert 1970
Ulbert, G., Das römische Donaukastell Rißtissen. Teil 1. Die Funde aus Metall, Horn und Knochen. Urkunden zur Vor- und Frühgeschichte aus Südwürttemberg-Hohenzollern Heft 4. Stuttgart 1970.

Vermaseren 1965
Vermaseren, M. J., Mithras. Geschichte eines Kults. Stuttgart 1965.

Walser 1983
Walser, G., Die römischen Straßen und Meilensteine in Raetien. Limesmuseum Aalen. Kleine Schriften zur Kenntnis der römischen Besetzungsgeschichte Südwestdeutschlands 29. Stuttgart 1983.

Wamser 2000
Wamser, L. (Hrsg.), Die Römer zwischen Alpen und Nordmeer. Zivilisatorisches Erbe einer europäischen Militärmacht. Katalog-Handbuch zur Landesausstellung des Freistaates Bayern, Rosenheim 2000. Mainz 2000.

Weber 1989
Weber, E., Zur Datierung der Tabula Peutingeriana. In: Labor omnibus unus, Gerold Walser zum 70. Geburtstag. Historia Heft 60 (hrsg. von Heinz E. Herzig und Regula Frei-Stolba). Stuttgart 1989, 113-117.

Wiegels 2001
Wiegels, R., Zur Götterverehrung in römischer Zeit im unteren Neckarraum. Das Beispiel des Jupiterkultes. In: Spickermann, W. (Hrsg.) 2001, 193-221.

Wilmanns 1981
Wilmanns, J. C., Die Doppelurkunde von Rottweil und ihr Beitrag zum Städtewesen in Obergermanien. Epigraphische Studien 12. Köln 1981, 1-182.

Wissowa 1912
Wissowa, G., Religion und Kultus der Römer. Handbuch der klassischen Altertumswissenschaft 5,4. München 1912^{2}.

Wlosok 1978
Wlosok, A. (Hrsg.), Römischer Kaiserkult. Wege der Forschung 372. Darmstadt 1978.

Wolters 2000
Wolters, R., Die Römer in Germanien. München 2000.

Zeller 1988
Zeller, D. (Hrsg.), Menschwerdung Gottes – Vergöttlichung von Menschen. Novum Testamentum et Orbis Antiquus 7. Freiburg/Schweiz 1988.

Pressespiegel

04.04.2001	WOM-Magazin, Schwarzwälder Bote. Ausgabe TUT. Nr. 14: „Einen der größten Grabhügel entdeckt – Auf der Spur des Keltenfürsten“
07.06.2001	SWP Ausgabe Horb: „Römisches Gäu“
07.06.2001	SWP Ausgabe Horb: „Scherbenputzen mit der Zahnbürste“
30.06.2001	SWP Ausgabe Horb: „Götter und Thesen“
11.08.2001	SWP Ausgabe Horb: „Anlage kann religiöse Bedeutung beigemessen werden“
17.09.2005	SZ Ausgabe SIG.: „Die Grabungen sind vorerst beendet“

Internet-Adressen

www.archaeologie-online.de

www.dhm.de/museen/heuneburg

www.heuneburg.de

www.limesmuseum.de

www.uni-erfurt.de/spp1080

www.uni-tuebingen.de/limesmuseum/indexneu.html

http://de.wikipedia.org/wiki/Limes_%28Grenzwall%29

www.wissenschaft-online.de/archaeologie

Abbildungsverzeichnis

Abb. auf Umschlag: Archäologischer Park Cambodunum/Kempten.Nachbildung der Marmorstatue des Augustus von Prima Porta. Foto: H. Leibinger

Abb. 1 Limesmuseum Aalen. Foto: H. Leibinger

Abb. 2 Freilichtmuseum Hechingen-Stein. Foto: H. Leibinger

Abb. 3 Keltenmuseum Hochdorf. Foto: H. Leibinger

Abb. 4 Sumelocenna-Museum Rottenburg. Foto: H. Leibinger

Abb. 5 Dominikanermuseum Rottweil. Foto: H. Leibinger

Abb. 6 Limesmuseum Aalen. Foto: H. Leibinger

Abb. 7 Grafik von S. Rudolf nach einem Foto aus dem Limesmuseum Aalen

Abb. 8 Limesmuseum Aalen. Foto: H. Leibinger

Abb. 9 Römerpark Grinario/Köngen. Foto: H. Leibinger

Abb. 10 Sonderbriefmarke „Limes – Weltkulturerbe der UNESCO“. Herausgegeben von der Deutschen Post AG am 11.10.2007. Abbildung aus dem Wikipedia-Artikel „Limes (Grenzwall)“

Abb. 11 Keltenmuseum Hochdorf. Foto: H. Leibinger

Abb. 12 Keltenmuseum Hochdorf. Foto: H. Leibinger

Abb. 13 Freilichtmuseum Heuneburg. Foto: H. Leibinger

Abb. 14 Keltenmuseum Heuneburg. Foto: H. Leibinger

Abb. 15 Römermuseum Grinario/Köngen. Foto: H. Leibinger

Abb. 16 Limesmuseum Aalen. Foto: H. Leibinger

Abb. 17 Römermuseum Mengen-Ennetach. Foto: H. Leibinger

Abb. 18 Römermuseum Mengen-Ennetach. Foto: H. Leibinger

Abb. 19 Römermuseum Mengen-Ennetach. Foto: H. Leibinger
Abb. 20 Römermuseum Mengen-Ennetach. Foto: H. Leibinger
Abb. 21 Römermuseum Mengen-Ennetach. Foto: H. Leibinger
Abb. 22 Römermuseum Mengen-Ennetach. Foto: H. Leibinger
Abb. 23 Foto: H. Leibinger
Abb. 24 Foto: H. Leibinger
Abb. 25 Foto: H. Leibinger
Abb. 26 Foto: H. Leibinger
Abb. 27 Dominikanermuseum Rottweil. Foto: H. Leibinger
Abb. 28 Sumelocenna-Museum Rottenburg. Foto: H. Leibinger
Abb. 29 Dominikanermuseum Rottweil. Foto: H. Leibinger
Abb. 30 Archäologischer Park Cambodunum/Kempten. Foto: H. Leibinger
Abb. 31 Dominikanermuseum Rottweil. Foto: H. Leibinger
Abb. 32 Sumelocenna-Museum Rottenburg. Foto: H. Leibinger
Abb. 33 Sumelocenna-Museum Rottenburg. Foto: H. Leibinger
Abb. 34 Foto: H. Leibinger
Abb. 35 Archäologischer Park Cambodunum/Kempten. Foto: H. Leibinger
Abb. 36 Archäologischer Park Cambodunum/Kempten. Foto: H. Leibinger
Abb. 37 Archäologischer Park Cambodunum/Kempten. Foto: H. Leibinger
Abb. 38 Dominikanermuseum Rottweil. Foto: H. Leibinger

Abb. 39 Freilichtmuseum Hechingen-Stein. Foto: H. Leibinger
Abb. 40 Sumelocenna-Museum Rottenburg. Foto: H. Leibinger
Abb. 41 Sumelocenna-Museum Rottenburg. Foto: H. Leibinger
Abb. 42 Römerpark Grinario/Köngen. Foto: H. Leibinger
Abb. 43 Römerpark Grinario/Köngen. Foto: H. Leibinger
Abb. 44 Römerpark Grinario/Köngen. Foto: H. Leibinger
Abb. 45 Römermuseum Grinario/Köngen. Foto: H. Leibinger
Abb. 46 Limesmuseum Aalen. Foto: H. Leibinger
Abb. 47 Römermuseum Grinario/Köngen. Foto: H. Leibinger
Abb. 48 Lapidarium Stuttgart. Foto: H. Leibinger
Abb. 49 Römermuseum Grinario/Köngen. Foto: H. Leibinger
Abb. 50 Römerpark Grinario/Köngen. Foto: H. Leibinger
Abb. 51 Freilichtmuseum Hechingen-Stein. Foto: H. Leibinger
Abb. 52 Freilichtmuseum Hechingen-Stein. Foto: H. Leibinger
Abb. 53 Foto: H. Leibinger
Abb. 54 Lobdengau-Museum Ladenburg. Foto: H. Leibinger
Abb. 55 Foto: H. Leibinger
Abb. 56 Lobdengau-Museum Ladenburg. Foto: H. Leibinger
Abb. 57 Foto: H. Leibinger
Abb. 58 Foto: H. Leibinger
Abb. 59 Foto: H. Leibinger
Abb. 60 Foto: H. Leibinger
Abb. 61 Limesmuseum Aalen. Foto: H. Leibinger
Abb. 62 Limesmuseum Aalen. Foto: H. Leibinger
Abb. 63 Limesmuseum Aalen. Foto: H. Leibinger

Abb. 64 Dominikanermuseum Rottweil. Foto: H. Leibinger

Erläuterungen

Aalen (BW/Ostalbkreis)
Kastell der ala II Flavia milliaria, die etwa 150 n. Chr. von Heidenheim nach Aalen vorverlegt wurde. Größtes röm. Reiterkastell nördlich der Alpen. Im Mauerwerk der St.-Johannis-Kirche wurde eine Inschrift für Iupiter Dolichenus gefunden. Das 1964 eröffnete Limesmuseum demonstriert die Bedeutung des röm. Heeres für das röm. Baden-Württemberg.

Aedes
Tempel-Gebäude.

Aedes Principiorum
Lagerheiligtum, in dem die Feldzeichen aufgestellt waren; siehe Principia.

Aedilis (Ädil)
Hoher römischer Beamter. Seine Befugnis war die cura urbis („Sorge um die Stadt“): Überwachung von Straßen, Märkten, eine Art „Marktpolizei“.

Alexander der Große
356-323 v. Chr., makedonischer König.

Amor
Gott der Liebe (griech. Eros). Dargestellt als geflügelter Jüngling oder Knabe.

Amphitheater
Für Tierhetzen (venationes), Seeschlachten (Naumachien) und Gladiatorenspiele (munera gladiatoria) bestimmtes Theater der Römer mit elliptischer Arena; siehe Kolosseum.

Antoninus Pius
Römischer Kaiser 138-161 n. Chr.

Apollo
Sonnen-, Heil- und Inspirationsgott.

Apollo Grannus
Heilgott, besonders an Heilquellen verehrt. In Faimingen (Rätien) galt der Apollo Grannus-Tempel als eine Art Wallfahrtsort.

Apuleius von Madaura
Mittelplatoniker, Romanautor, etwa 125-170 n. Chr.

Aquitania
Das Land zwischen den Pyrenäen und der Garonne. Die römische Provinz Aquitania reichte bis zur Loire.

Ara Romae et Augusto
Altar für Roma und Augustus in Lyon (Lugdunum), an dem seit 12 v. Chr. das große Kaiserkultfest unter Beteiligung der 60 (oder 64) gallischen civitates gefeiert wurde.

Ara Ubiorum
Altar der Ubier in Köln; siehe Colonia Claudia Ara Agrippinensium und Segimundus.

Arae Flaviae
Römischer Name für Rottweil, angelegt zu Beginn der flavischen Epoche. Gegen Ende des 1. oder zu Beginn des 2. Jahrhunderts zum Municipium erhoben; siehe Municipium und Flavier.

Argentorate
Römischer Name für Straßburg. Vermutlich Alenkastell zur Zeit des Drusus und Tiberius.

Arminius
Cheruskerfürst, vernichtete 9 n. Chr. drei römische Legionen unter Varus im Teutoburger Wald.

Augusta Vindelicum
Römischer Name für Augsburg, Hauptstadt der Provinz Raetia; siehe Raetia, Raetia Secunda und Municipium.

Augustus
63 v. Chr. - 14 n. Chr., erster römischer Kaiser.

Aurelian
214-275 n. Chr., römischer Kaiser 270-275 n. Chr.

Basilika
Gerichts- und Markthalle der Römer. Der Name Basilika wurde dann auf den christlichen Kirchenbau übertragen.

Belgica
Die nach den Belgen benannte nördlichste gallische Provinz der Römer.

Benefiziarier (beneficiarius consularis)
Von niederen Diensten befreiter Unteroffizier. Er fungierte als „Verkehrspolizist".

Bibracte
Hauptstadt der Häduer (Kelten zwischen Loire und Saône).

Breunen
Volksstamm in der Gegend von Innsbruck, von Drusus 15 v. Chr. besiegt.

Caesar
1. C. Iulius, 100-44 v. Chr., römischer Diktator auf Lebenszeit.
2. Sein Großneffe und Adoptivsohn C. Iulius Caesar Octavianus; nach ihm führten alle Kaiser die Amtsbezeichnung Caesar neben dem Titel Augustus.

Cannanefates (Cannenefates)
Germanisches Volk an der niederländischen Nordseeküste, eng verwandt mit den Batavern.

Castra Regina
Heute Regensburg. Nach einer Bauinschrift wurde die Festung zum Schutz der Donaugrenze 179 n. Chr. errichtet.

Cella
Tempelinnenraum.

Censor
Römischer Beamter mit folgenden Aufgaben: Aufstellung der Bürger- und Senatsliste, Vermögensschätzung, Verpachtung des Staatslandes.

Centaur (Kentaur)
Zwittergestalt von Mensch und Pferd.

Charon
Fährmann der Unterwelt.

Chatten
Mächtiger germanischer Stamm an der oberen Weser, von Domitian 83 n. Chr. besiegt.

Cicero, M. Tullius
106-43 v. Chr., römischer Konsul, Rhetor, Philosoph.

Circus (Maximus)
Rennbahn, Zirkus, in Rom zwischen Palatin und Aventin gelegen. Im Circus Maximus fanden die berühmten Wagenrennen statt.

Civitates
Gebietskörperschaften, die auf einen Hauptort ausgerichtet waren; siehe Vicus.

Claudius
10 v. Chr. - 54 n. Chr., römischer Kaiser 41-54 n. Chr.

Cn. Pinarius Cornelius Clemens
Aus Inschriften bekannter Legat Obergermaniens; im Auftrage Vespasians legte er eine Rhein-Donau-Straße von Straßburg (Argentorate) durch das Kinzigtal nach Rätien an.

Colonia
Titel einer neu gegründeten Stadt mit römischem Stadtrecht.

Colonia Claudia Ara Agrippinensium
Römischer Name für Köln. Stadtanlage auf den Überresten des Oppidum Ubiorum; wurde im Jahre 50 n. Chr. Colonia. Hauptstadt der Provinz Niedergermanien; siehe Germania Inferior und Germania Secunda.

Conductor
Pächter einer kaiserlichen Domäne; siehe Saltus.

Daker
Einwohner von Dakien (Rumänien, Siebenbürgen, Ungarn bis zur Theiß).

Danuvius
Donaugott.

Daphne
Eine Nymphe, von Apollo geliebt, verfolgt und in einen Lorbeerbaum verwandelt.

Decumates Agri
Decumatland (Zehntland), Gebiet zwischen Rhein und Donau, das heutige Baden-Württemberg.

Dei/dii/di
Götter.

Di Manes
Totengötter.

Delphi
Altes Heiligtum der Griechen, eine Hauptverehrungsstätte des Apollo und Sitz des berühmten Delphischen Orakels.

Demeter
Griech. Erd-, Getreidegöttin.

Diana
Mond-, Frauen- und Jagdgöttin.

Diokletian
Etwa 230-313 n. Chr., römischer Kaiser 284-305 n. Chr.

Dionysos
Zeussohn, Weingott. Bei den Römern auch Bacchus genannt.

Dioskuren
Die rettenden Zeussöhne Kastor und Pollux.

Domitian
Römischer Kaiser 81-96 n. Chr., Sohn des Vespasian; siehe Germanicus.

Drusus
38-9 v. Chr., Stiefsohn des Augustus, Bruder des Kaisers Tiberius.

Duovir (IIvir)
Bürgermeister.

Epigraphik
Inschriftenkunde.

Epona
Keltische Stall- und Pferdegöttin.

Eroten
Allegorische Darstellung geflügelter Liebesgötter, meist in Kindergestalt.

Exponat
Ausstellungsstück.

Fasti consulares
Liste der eponymen römischen Magistrate.

Flamen
Priester eines bestimmten Gottes.

Flamen Romae et Augusti
Priester der Roma und des Augustus.

Flavier
Römische Kaiserdynastie (69-96 n. Chr.), der die Kaiser Vespasian, Titus und Domitian angehörten.

Forum
Marktplatz, Gerichtsstätte. In Rom war das Forum Romanum Mittelpunkt des politischen Lebens.

Gallienus
253 n. Chr. römischer Kaiser (Mitregent), 260-268 Alleinherrscher, kämpfte während der ganzen Regierungszeit gegen Germanen und Usurpatoren.

Genaunen
Alpenstamm im östlichen Tiroler Inntal, von Drusus 15 v. Chr. besiegt.

Genius
Schutzgott und Lebensbegleiter, anthropomorph (in Menschengestalt) oder als Schlange dargestellt.

Germanen
Sammelname der östlich des Rheins wohnenden Nachbarn der Gallier.

Germania
Siehe Tacitus.

Germania Inferior
Die Provinz Niedergermanien mit der Hauptstadt Köln/Colonia Claudia Ara Agrippinensium.

Germania Prima
Obergermanien mit dem nördlichen linksrheinischen Teil bis südlich Straßburg, Hauptstadt Mainz/Mogontiacum.

Germania Secunda
Niedergermanien, Hauptstadt Köln/Colonia Claudia Ara Agrippinensium.

Germania Superior
Die Provinz Obergermanien mit der Hauptstadt Mainz/Mogontiacum.

Germanicus
1. Römischer Feldherr, 15 v. Chr. - 19 n. Chr., Sohn des Drusus.
2. Titel des Domitian (Sieger über Germanien).

Giganten
In der griechischen Sage ein wildes Riesengeschlecht. Sie versuchten den Olymp zu stürmen, wurden aber von Zeus zurückgeschlagen. Die Gigantomachie, Kampf der Giganten, ist oft Gegenstand künstlerischer Darstellung.

Grinario
Heute Köngen (BW/Esslingen). Römisches Auxiliarkastell auf dem linken Neckarufer.

Hadrian
76-138 n. Chr., römischer Kaiser 117-138, schützte die Grenzen des Imperiums durch den Limes und den Hadrianswall.

Herakles (Herkules)
Vergöttlichter Held, Sohn des Zeus und der Alkmene. Beschützer des Verkehrs, Handels und Gewinns. Er verrichtete im Dienste des Königs Eurystheus die „Zwölf Arbeiten". Seine häufigsten Attribute sind Keule und Löwenfell.

Herecura
Fruchtbarkeitsgöttin und Göttin der Toten. Attribut: Korb mit Früchten im Schoße.

Horaz
65-8 v. Chr., lateinischer Dichter.

Ianus (Janus)
Zweiköpfiger Gott des Anfangs, Schützer des Hauses.

Imperator
1. Ehrentitel des siegreichen Feldherrn.
2. Seit Caesar Titel der römischen Herrscher.
3. Der römische Kaiser.

Imperium Romanum
Das Römische Reich.

Interpretatio Romana
„Römische Auslegung". Der Begriff stammt von Tacitus. Keltische und germanische Gottheiten erhalten römische Namen („Gleichsetzung"). Wichtiger Begriff im Zusammenhang mit der Romanisation.

Isis
Ägyptische Vegetations-, Mutter- und Himmelsgöttin.

Iuno (Juno)
Gemahlin des Jupiter, Himmels- und Frauengöttin.

Iupiter (Jupiter)
Himmels- und politischer Gott. Die oberste Gottheit der Römer. In der griechischen Mythologie als Zeus bekannt.

Iupiter Dolichenus
Kleinasiatischer Gott, Himmelsgott auf dem Stier, bewaffnet mit einer Doppelaxt und einem Blitzbündel.

Iupiter Optimus Maximus (IOM)
Höchster politischer Gott Roms.

Kapitol
Lat. Capitolium, ein Hügel Roms. Mit dem Jupitertempel war das Kapitol der religiöse und politische Mittelpunkt des Römischen Reiches.

Kastor
Siehe Dioskuren.

Kelten
Indogermanische Völkergruppe, die von Spanien bis ins kleinasiatische Galatien reichte.

Kolosseum
Das größte Amphitheater Roms und der antiken Welt, unter Vespasian begonnen, unter Titus 80 n. Chr. eingeweiht; siehe Amphitheater.

Konstantin
Etwa 280-337 n. Chr., römischer Kaiser seit 306.

Konsul
In der römischen Republik Amtsbezeichnung der beiden obersten, auf ein Jahr gewählten Beamten.

Kustos/Kustodin
Wissenschaftler(in) in einem Museum, auch Kurator(in) genannt.

Lapidarium
Sammlung von Steindenkmälern.

Lapithen
Mythischer (und historischer) Stamm Thessaliens.

Leuga
Gallorömische Maßeinheit keltischen Ursprungs zur Messung und Anzeige von Entfernungen in Gallia. Eine Leuga entspricht 1,5 römischen Meilen (ca. 2 200 m).

Limes
„Reichsgrenze", von den Römern angelegter Grenzwall vom Rhein bis zur Donau.

Lopodunum
Heute Ladenburg, römisches Auxiliarkastell auf dem rechten Neckarufer, späterer Hauptort der civitas Ulpia Sueborum Nicrensium.

Lugdunensis
Eine der drei gallischen Provinzen, entstanden bei der Einteilung Galliens durch Augustus (16-13 v. Chr.); siehe Aquitania, Belgica und Lugdunum.

Lugdunum
Heute Lyon; Hauptstadt der Provinz Gallia Lugdunensis, Zentrum des gallischen Kaiserkults; siehe Ara Romae et Augusto.

Magister sacrorum augustalium
Leiter des in Lugdunum alljährlich gefeierten Kaiserkultfestes.

Marc Aurel
121-180 n. Chr., römischer Kaiser 161-180 n. Chr.

Marcus Lollius
Führer der 5. Legion, die 16 v. Chr. von den germanischen Sugambrern vernichtet wurde.

Markomannen
Teil der Sueben, „Mark- oder Grenzleute", germanischer Stamm, zur Zeit Caesars am Oberrhein ansässig, wanderte nach Böhmen. Die Markomannen standen zu Rom in einem Abhängigkeitsverhältnis, das unter Marc Aurel durch Kriege (166-180) unterbrochen wurde.

Mars
Römischer Kriegs- und Abwehrgott.

Medusa
Mythisches Ungeheuer mit Schlangen im Haar; ihr Blick versteinerte den Betrachter.

Mercurius (Merkur)
Handelsgott und Götterbote, dargestellt mit Mäntelchen (chlamys), Flügelhut (petasos), Flügelschuhen. Attribute: Heroldstab (caduceus), Geldbeutel (marsupium), Hahn, Bock.

Mercurius Cimbrianus
Der Beiname des Gottes Merkur nimmt Bezug auf die germanischen Kimbern.

Mercurius Visucius
Der keltische Beiname des Gottes Merkur ist bis jetzt noch nicht geklärt.

Mimus
Die improvisierte Darbietung von realistischen Szenen aus dem Leben (z.B. Hochzeit, Ehebruch).

Minerva
Neben Iupiter und Iuno dritte im römischen Kapitol verehrte Gottheit (sog. „Kapitolinische Trias"), Handwerksgöttin.

Mithraskult
Mysterienkult mit großer Anziehungskraft und keltischer Variante in Obergermanien. Nach den neuesten Erkenntnissen ist die Tauroktonie (Stiertötung) ein Symbol für die Beendigung des Stierzeitalters.

Mogontiacum
Heute Mainz. Hauptstadt der Provinz Obergermanien; siehe Germania Superior und Germania Prima.

Municipium
Rechtstitel, der städtischen Ansiedlungen verliehen werden konnte.

Mysterienkult
Geheimkult für Eingeweihte (Mysten) mit Aufnahmeriten, Prüfungen, Schweigepflicht und ausgeprägtem Jenseitsglauben (z.B. Isis-, Mithras-, Dionysoskult).

Mythos
Erzählung, Sage, vor allem Götter- und Heldensagen.

Naharvaler (Nahanarvaler)
Ost-Germanen an der oberen Oder sowie zwischen Oder und Weichsel.

Nero
37-68 n. Chr., römischer Kaiser seit 54. Der „ältere Nero", siehe Tiberius.

Nerva
30-98 n. Chr., römischer Kaiser 96-98 n. Chr.

Nida
Heute Frankfurt-Heddernheim, Hauptort der civitas Taunensium.

Noricum
Römische Provinz in den Ostalpen südlich der Donau (Ober,- Niederösterreich, Steiermark und Teile Sloweniens), 15 v. Chr. von den Römern erobert.

Numismatik
Münzkunde.

Nymphen
Quellgottheiten.

Oppidum
Spätkeltische befestigte Großsiedlung mit stadtähnlichem Charakter.

Oppidum Ubiorum
„Stadt der Ubier", Köln; siehe Colonia Claudia Ara Agrippinensium.

Orchestra
„Tanzplatz", der Platz für den Chor im antiken Theater. Im Mittelpunkt der orchestra stand der Opferaltar (Thymele).

Ordo decurionum
An der Spitze einer civitas stehender Rat aus 100 Mitgliedern.

Orpheus
Thrakischer Sänger und Saitenspieler, Sohn der Muse Kalliope und des Apollo, bezauberte durch seine Kunst auch wilde Tiere, Steine und Bäume und durfte seine Gattin Eurydike aus der Unterwelt holen, verlor sie aber wieder, da er sich nach ihr umschaute. Als Sänger mit Saiteninstrument – oft mit phrygischer Mütze – zwischen Tieren dargestellt.

Osiris
Ägyptischer Gott, Bruder und Gemahl der Isis, als Totengott verehrt.

Pantheon
Griech.: „Tempel für alle Götter".

Pantomimus
Griech.: „Alles nachahmend", eine „getanzte Tragödie" (fabula saltata), Solovortrag eines Tänzers mit Begleitung

durch Chor und Orchester. Die Stoffe waren dem Mythos entnommen (Liebesabenteuer der Menschen und Götter).

Pollux
Siehe Dioskuren.

Pompeius Magnus, Sextus
106-48 v. Chr., römischer Konsul.

Pontifex
„Pfadbahner", Mitglied des Kollegiums der pontifices, der obersten Sakralbehörde in Rom.

Pontifex Maximus
Vorgesetzter des Kollegiums der pontifices, 12 v. Chr. nahm Augustus dieses Amt an und war dadurch oberster Herr des römischen Sakralwesens. Heute ein Titel des Papstes.

Poseidon (Neptun)
Meeresgott. Attribute: Dreizack, Delfin, Meerestiere.

Postumus
Unter Gallienus Statthalter in Gallien und Kommandant der Rheinfront, rief sich zum Kaiser aus und errichtete ein eigenes Reich (Gallisches Sonderreich) mit eigenen Magistraten und eigenem Senat; siehe Gallienus.

Praetor (Prätor)
Hoher römischer Beamter, zuständig für Rechtsfragen.

Principia
Stabsgebäude mit Hof, Waffenkammern (armamentaria), Querhalle (Basilika) und Lagerheiligtum; siehe Sacellum und Aedes principiorum.

Probus
Römischer Kaiser 276-282 n. Chr.

Proconsul (Prokonsul)
Ein verdienter Römer, der eine senatorische Provinz verwaltete; siehe Statthalter.

Procurator (Prokurator)
Ritterlicher Statthalter im Auftrage des Kaisers; ihm unterstanden kleinere territoriale Verwaltungseinheiten; siehe Statthalter.

Provinz
Von den Römern unterworfenes und verwaltetes Gebiet außerhalb Italiens. 227 v. Chr. wurden die ersten territorialen Provinzen (Sardinien und Sizilien) eingerichtet. Einteilung seit der Neuordnung durch Augustus in „kaiserliche“ Provinzen (provinciae Caesaris) und „senatorische“ Provinzen (provinciae populi Romani).

Punische Kriege
Die drei Kriege der Römer gegen die Karthager (Punier): 1. Punischer Krieg 264-241 v. Chr.; 2. Punischer Krieg 218-201 v. Chr.; 3. Punischer Krieg 149-146 v. Chr.

Quaestor (Quästor)
Römischer Beamter, zuständig für die Finanzen.

Raeter (Räter)
Keltische Völker zwischen Inn und Rhein; siehe Raetia, Raetia Prima und Raetia Secunda.

Raetia
Römische Provinz, wahrscheinlich bereits unter Tiberius eingerichtet.

Raetia Prima
Die Ostschweiz und das Land westlich des Arlberges, Hauptstadt Chur/Curia.

Raetia Secunda
Das Gebiet zwischen Bodensee und Inn, Hauptstadt Augsburg/Augusta Vindelicum.

Riusiava
Heute Rißtissen(?), römisches Auxiliarkastell des 1. Jahrhunderts n. Chr.

Sacellum
Fahnenheiligtum; siehe Principia.

Saltus
Kaiserliche Domäne, eingerichtet als erster Schritt der Provinzialverwaltung. Der kaiserliche Besitz wurde an die Bewohner (coloni) verpachtet.

Segestes
Cheruskerfürst.

Segimundus
Sohn des Cheruskerfürsten Segestes und Priester an der Ara Ubiorum. Auf die Nachricht von der Varus-Niederlage (9 n. Chr.) floh er über den Rhein zu den Aufständischen; siehe Ara Ubiorum.

Sequania (Maxima Sequanorum)
Unter Diokletian wurde der südliche Teil Obergermaniens zwischen Oberrhein und Genfer See zu dieser Provinz; Hauptstadt Besançon/Vesontio.

Seviri Augustales
In Landstädten ein auf ein Jahr gewähltes Kollegium aus sechs Männern. Sie waren als Kultfunktionäre für die Organisation und Finanzierung von Opfern und Spielen sowie für den Kaiserkult zuständig.

Stadion
Kampfbahn, Anlage in der Form eines lang gestreckten Rechtecks (später halbkreisförmiger Abschluss) für sportliche Wettkämpfe (certamina Graeca = griechische Wettkämpfe, „olympische Disziplinen").

Statthalter
Beauftragter, dem die Obergewalt über eine Region oder eine Provinz anvertraut wurde (Legat, Prokonsul, Prokurator, Präfekt).

Suebi Nicrenses
Neckarsweben, Sweben elbgermanischer Abstammung, die etwa seit tiberischer Zeit am unteren Neckar/Nicer um Ladenburg/Lopodunum sesshaft wurden; siehe Lopodunum.

Sugambrer
Germanisches Volk am rechten Ufer des Mittelrheins im 1. Jahrhundert v. Chr. Sie überschritten 16 v. Chr. den Rhein und vernichteten die 5. Legion unter Marcus Lollius.

Sumelocenna
Heute Rottenburg a. N., zunächst eine kaiserliche Domäne (siehe saltus), dann Hauptort (siehe vicus) der civitas Sumelocennensium, die wahrscheinlich das gesamte mittlere Neckargebiet umfasste.

Tabula Peutingeriana
Mittelalterliche Abschrift einer antiken Welt- und Straßenkarte. Sie ist nach dem Augsburger Humanisten Konrad Peutinger benannt und befindet sich heute in der Nationalbibliothek in Wien.

Tacitus, Cornelius
Etwa 56-118 n. Chr., römischer Konsul, Historiker. Neben seinen großen Geschichtswerken (Historien und Annalen) verfasste er eine ethnografische Spezialschrift über Ursprung, Lage und Sitten der Germanen (Germania).

Templum
Sakraler Raum, Areal, auf dem der eigentliche Tempelbau (aedes) errichtet wurde.

Theater
Griech.: „Schaustätte". Hier wurden ludi scaenici (szenische Spiele: Tragödie, Komödie, Mimus, Pantomimus) aufgeführt. In der Architektur unterschied sich das römische vom griechischen Theater. Das römische Theater wurde nicht an einem Berghang errichtet. Die vertikale Abstufung erreichte man durch große Substruktionen (Unterbauten).

Tiberius
Römischer Kaiser 14-37 n. Chr., Bruder des Drusus, Stiefsohn des Augustus.

Tibull
Um 50 v. Chr. - 17 n. Chr., lateinischer Dichter.

Trajan
53-117 n. Chr., römischer Kaiser 98-117. Unter ihm hatte das Römische Reich die größte Ausdehnung.

Varus
Römischer Statthalter und Oberbefehlshaber in Germanien, wurde 9 n. Chr. von Arminius im Teutoburger Wald vernichtend geschlagen, woraufhin er sich in sein Schwert stürzte.

Velleius Paterculus
Geboren etwa 20 v. Chr., Verfasser eines Handbuchs zur römischen Geschichte in zwei Teilen.

Venus
Liebesgöttin, Ahnherrin der Iulier.

Vesontio
Besançon, Hauptstadt der Provinz Sequania (später Maxima Sequanorum); siehe Sequania.

Vespasian
9-79 n. Chr., römischer Kaiser 69-79 n. Chr., Gründer der Flavischen Dynastie; siehe Flavier.

Vexillation
Lat.: vexillum/vexillatio, Sonderkommando.

Vicus
1. Kastellvicus (Lagerdorf).
2. Zivilsiedlung (Straßensiedlung).
3. Hauptort einer civitas.

Villa rustica
Römischer Gutshof, bestehend aus Hauptgebäude und mehreren Nebengebäuden. Die Gutshöfe lagen oft in der Nähe von größeren Siedlungen oder Fernhandelsstraßen und prägten das Siedlungsbild im Decumatland.

Vindeliker
Kelten südlich der Donau vom Bodensee bis über den Lech, 15 v. Chr. von Rom unterworfen.

Visucia
Kultgefährtin des Mercurius Visucius; siehe Mercurius und Mercurius Visucius.

Volcanus (Vulcan)
Feuergott. Attribute: Hammer, Schmiedezange, Amboss, Fackel.

Zeus
Griechischer Himmelsgott; siehe Iupiter.

Basiswissen Religion

1. Die Religion der Römer

Götter (griechische und römische Namen)

Zeus (Iupiter)	Himmelsgott, Götterkönig
Hera (Iuno)	Gattin des Zeus, Göttin der Ehe und Geburt
Athene (Minerva)	Göttin der Weisheit und des Handwerks
Ares (Mars)	Kriegsgott
Hermes (Merkur)	Götterbote, Handelsgott
Hades/Pluton (Pluto)	Unterweltsgott
Poseidon (Neptun)	Meeresgott
Hephaistos (Volcanus)	Feuergott
Demeter (Ceres)	Erd-, Getreidegöttin
Hestia (Vesta)	Herdgöttin
Artemis (Diana)	Mond-, Frauen-, Jagdgöttin
Aphrodite (Venus)	Liebesgöttin
Dionysos (Bacchus)	Weingott
Apollon (Apollo)	Sonnen-, Heil-, Inspirationsgott

Priesterschaften

- Pontifices

„Pfadbahner“, oberste Sakralbehörde in Rom, deren Vorsteher der Pontifex Maximus war.

- Augures

Einflussreiches Kollegium, das Vogel- und Blitzzeichen deutete.

- Quindecimviri sacris faciundis

Ein aus 15 Mitgliedern bestehendes Kollegium, Hüter der Sibyllinischen Bücher (Orakelsammlung).

- Epulones (Septemviri epulonum)

Ihnen oblag neben der Durchführung verschiedener Zeremonien vor allem die Ausrichtung des kultischen Festmahles für Jupiter (epulum Iovis).

- Haruspices

Eingeweideschauer, Zeichendeuter. Die Eingeweideschau war eine etruskische Disziplin.

- Virgines Vestales (Vestalinnen)

Jungfräuliche Priesterinnen der Göttin Vesta, ursprünglich vier, später sechs. Sie wurden bereits im Alter von sechs Jahren vom Pontifex Maximus berufen („ergriffen“) und standen mindestens 30 Jahre im Dienste der Vesta.

2. Die Religion der Kelten

Götter (siehe interpretatio Romana)

Teutates	→ Mars?/Merkur?
Esus	→ Merkur?/Mars? (Identifikation unklar)
Taranis	→ Jupiter
Belenus/Belos	→ Apollo
Sucellus	Gott des Waldes und der Natur; Attribut: Hammer
Cernunnos	mit Hirschgeweih dargestellter Gott der Fruchtbarkeit
Epona	Stall-, Pferdegöttin
Matres/Matronae	mütterliche Schutzgottheiten, Schicksalsgöttinnen

Kult

- Kultplätze

Sie zeichnen sich durch Einfriedungssysteme aus Wall/Palisade und Graben aus; Viereckschanzen?

- Priesterkaste

Druiden, Vaten, Barden.

- Lehren

Aberglaube, Magie, Prophetie durch Vogel- und Opferschau, Jenseitsglaube, Seelenwanderung, Gottesdienste, auch mit Menschenopfern verbunden.

3. Die Religion der Germanen

Götter (siehe interpretatio Romana)

Odin/Wodan → Merkur
Thor/Donar → Jupiter
Tyr/Ziu → Mars
Frigg/Frîja → Iuno?/Venus?
Zahlreiche Stammesgottheiten, z.B. Nerthus, eine Fruchtbarkeit spendende Erdgöttin.

Kult

- Kultplätze

Heilige Haine, kleinere Kultgebäude.

- Priester und Priesterinnen

Sie vollzogen auch Menschenopfer.

- Lehren

Divination/Wahrsagerei: Los, Vogelschau, Pferdeorakel.

4. Die Religion der Bevölkerung des Decumatlandes

Gallo- bzw. germanorömische Provinzialreligion:

Götter

Jupiter, Mercurius (Visucius, Cimbrianus), Genius, Apollo Grannus, Mithras, Epona, Herecura und andere.

Kult

- Kultplätze und Kultdenkmäler

Tempel und Heiligtümer; gallorömische Umgangstempel; Jupitergigantensäulen; Weihesteine.

- Kultgruppen

Kaiserkult und Staatskulte; bodenständige Kulte; orientalische Kulte.

Militärische Fachausdrücke

1. Truppen/Truppenteile/Truppenführer

Ala
„Flügel", Kavallerieeinheit aus 500 Mann (ala quingenaria) oder 1 000 Mann (ala milliaria).

Aquilifer
Träger des Legionsadlers.

Armiger
Waffenträger.

Auxilia
Nichtrömische Hilfstruppen im Dienste des römischen Heeres.

Centuria
Hundertschaft, kleinste Unterabteilung der legio.

Centurio
Führer einer centuria (Zenturie).

Cohors
Kohorte, 10. Teil einer Legion.

Decurio
Führer einer turma.

Eques
Reiter.

Hastifer
Lanzenträger.

Legatus
„Beauftragter“, Kommandeur.

Legio
Römische Legion, Infanterieeinheit, bestehend aus 10 Kohorten = 30 Manipel = 60 Zenturien, dazu 300 Reiter; insgesamt 4 200 bis 6 000 Mann.

Manipulus
Manipel, dritter Teil einer Kohorte, bestehend aus zwei centuriae.

Miles
Soldat.

Numerus
Militärische Einheit, kleiner gemischter Verband (ca. 120 Mann).

Optio
Vertreter des centurio, Feldwebel.

Pedes
Fußsoldat.

Primipilus
Rangältester centurio.

Sagittarius
Bogenschütze.

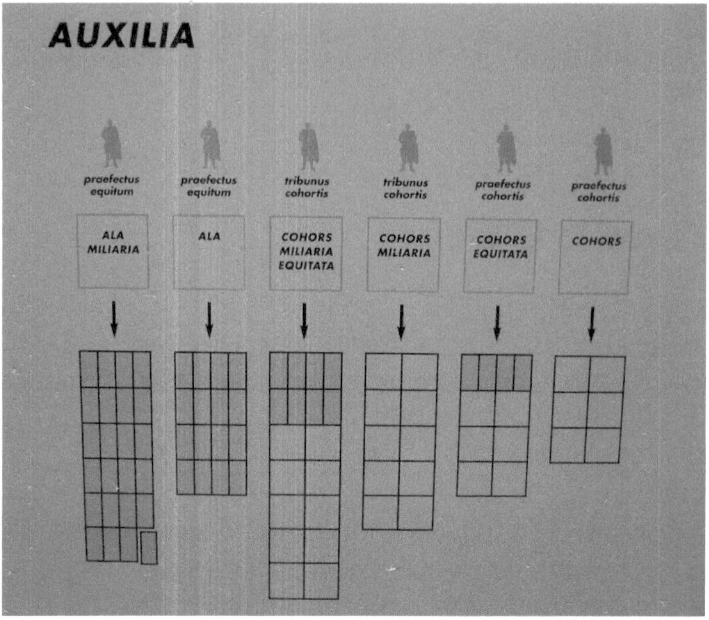

Abb. 61: Aufbau der *auxilia*/Hilfstruppen

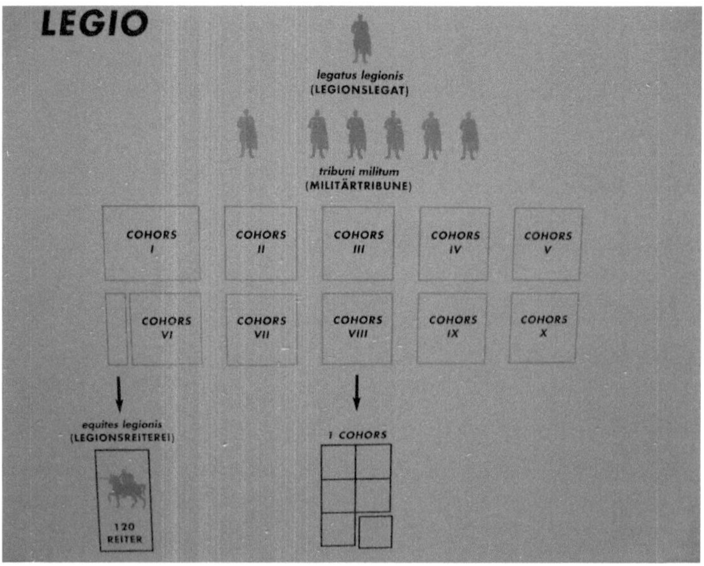

Abb. 62: Aufbau einer römischen *legio*/Legion

Signifer
Fahnenträger.

Socii
Bundesgenossen Roms, stellten vor allem Kavallerieeinheiten.

Turma
Unterabteilung von 32 Reitern der ala.

Vexillum/Vexillatio
Sonderkommando.

2. Bewaffnung/Waffen

Aries
„Widder“, Sturmbock, Mauerbrecher.

Arma
Schutzwaffen.

Ballista
Wurfmaschine.

Balteus
Wehrgehenk/Wehrgehänge.

Cassis
Helm aus Metall.

Catapulta
Wurfmaschine.

Clipeus
Großer eherner Rundschild.

Falarica
Brandpfeil, -lanze.

Galea
Helm aus Leder mit Eisenbeschlag.

Gladius
Schwert.

Hasta
Lanze/Speer.

Iaculum (Iaculus)
Wurfspieß.

Lorica
(Glieder-)Panzer, Ketten-, Schuppen-, Schienenpanzer.

Onager
„Wilder Esel“, Geschütz/Katapult.

Parma
Kleiner Rundschild.

Pilum
1,50-1,80 m langer Wurfspeer des Legionssoldaten.

Pugio
Zweischneidiger Dolch.

Scorpio
Wurfmaschine.

Scutum
Rechteckiger Schild des Legionssoldaten.

Signum
Feldzeichen.

Spatha
Langes Schwert der Reiter.

Tela
Angriffswaffen.

Tormentum
Schweres Geschütz.

Abb. 63: Modell eines *aries*/Widders, Sturmbocks

3. Marsch und Lager

Agmen novissimum
Nachhut, ca. ein Viertel der Legionen.

Agmen primum
Vorhut, Reiterei.

Antecursores, Antecessores
„Vorläufer“, kleine Streiftrupps der Vorhut.

Armamentaria
Waffenkammern in den principia.

Castra legionis
Legionslager.

Contubernium
Zeltgemeinschaft von jeweils 8-10 Soldaten.

Impedimenta
Tross, Maultierkolonne zur Beförderung des großen Gepäcks.

Iter iustum
Tägliche Marschleistung (ca. 20 bis 25 km).

Iter magnum
Eilmarsch.

Praetorium
Wohnhaus des Kommandanten.

Abb. 64: Ausrüstung eines Legionärs

Principia
Stabsgebäude.

Sacellum
Fahnenheiligtum, stand im Zentrum der principia.

Sarcina
Marschgepäck.

Valetudinarium
Lazarett.

4. Flotte

Classis
(Kriegs-)Flotte.

Corvus (korax)
„Rabe“, Enterbrücke (12 m langer Laufsteg), die vorne dem Schnabel eines Raben glich.

Navis longa (navis rostrata)
Kriegsschiff.

Navis oneraria
Lastschiff.

Quinqueremis
Fünfreiher.

Rostrum
Schiffsschnabel, Rammsporn.

Triremis (trieris)
Dreireiher.

Zeittafel

753 **v. Chr.**	Traditionelles Gründungsdatum Roms
Um 400	Vorstoß der Kelten über die Alpen nach Italien
387	Schlacht an der Allia. Einnahme Roms durch die Kelten.
264-241	Erster Punischer Krieg
227	Anfang der römischen Provinzialverwaltung
58-51	Eroberung Galliens durch Caesar. Der Rhein wird zur Grenze des Imperiums.
27	Aufteilung des Imperiums in kaiserliche und senatorische Provinzen
16	Niederlage des Lollius gegen Sugambrer und andere Stämme
16-13	Neuorganisation Galliens: Einteilung in die drei Provinzen Belgica, Lugdunensis und Aquitania
15	Drusus und Tiberius, die Stiefsöhne des Augustus, unterwerfen das Alpenvorland. Das Königreich Noricum wird friedlich besetzt.
12	Einweihung des Altares für Roma und Augustus in Lyon/Lugdunum durch Drusus. Erster Provinziallandtag von Gallien.
12-9	Feldzüge des Drusus in Germanien
9	Tod des Drusus
8-7	Tiberius in Germanien
6 **n. Chr.**	Das Gebiet zwischen Rhein und Elbe hat den „Status“ einer tributpflichtigen Provinz.
9	Niederlage des Varus im Teutoburger Wald (clades Variana)
14-16	Feldzüge des Germanicus in Germanien
16	Abberufung des Germanicus durch Tiberius

41-54	Claudius: Einrichtung des Donaulimes (Kastelle z.B. in Ennetach und Rißtissen). Claudius verbietet Feldzüge in das rechtsrheinische Germanien.
69-96	Flavisches Kaiserhaus
73/74	Bau einer Straße vom Rhein zur Donau unter Vespasian. Errichtung von Kastellen (z.B. Rottweil/Arae Flaviae). Ab diesem Zeitpunkt Vorverlegung des Militärs auf die Alb (Alblimes)
81-96	Domitian: Chattenkrieg. Kastelle am Neckar (z.B. Köngen/Grinario, Rottenburg/Sumelocenna?). Odenwald-Neckar-Limes. Einrichtung der Provinz Germania Superior (Obergermanien) mit der Hauptstadt Mainz/ Mogontiacum und der Provinz Germania Inferior (Niedergermanien) mit der Hauptstadt Köln/Colonia Claudia Ara Agrippinensium.
98-117	Trajan: Ausbau des Limes. Gründung der meisten civitates im rechtsrheinischen Obergermanien.
117-138	Hadrian: Verstärkung des Limes durch Palisaden
161-180	Marc Aurel: Gründung der civitas Sumelocennensium mit dem Verwaltungszentrum Rottenburg/Sumelocenna. Markomannenkriege. Errichtung des Legionslagers Regensburg/Castra Regina.
233	Alemanneneinfall in Obergermanien
259/260	Aufgabe des Limes
277/278	Vertreibung der Alemannen, Goten u.a. aus Gallien, Germanien und Rätien durch Probus. Wiederherstellung der Rhein- und Donaugrenze.

284-305	Diokletian: Reichsreform. Aufteilung des Reiches in vier Verwaltungsbezirke (Tetrarchie) und zwölf Diözesen. Die Rhein- und Donaugrenze wird mit neuen Verteidigungsanlagen gesichert (Donau-Iller-Rhein-Limes).
306-337	Konstantin der Große: Rätien wird zweigeteilt: Raetia I (Raetia prima) und Raetia II (Raetia secunda).
476	Ende des römischen Kaisertums im Westen

Register

Literarische Quellen

Inschriften